Die Schauplätze der ausgewählten Feste und Bräuche in Thüringen

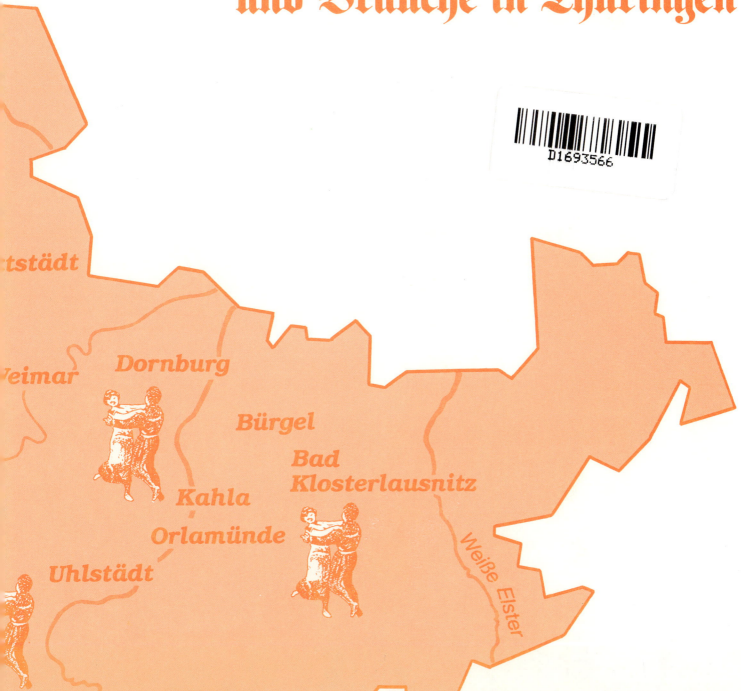

Anne und Jochen Wiesigel

Feste und Bräuche in Thüringen

*Für Kerstin
mit allen lieben Wünschen

von Anne

Sommer 2014*

Verlagshaus Thüringen, Erfurt 1994

Anne und Jochen Wiesigel

Feste und Bräuche in Thüringen

Von der Hullefraansnacht
zu den Antoniusfeuern

Mit 164 Farbfotos

Verlagshaus Thüringen

IMPRESSUM

1. Auflage 1994
Copyright © 1994 by Verlagshaus Thüringen in der Verlag
und Druckerei Fortschritt Erfurt GmbH.
Printed in Germany 1994. Alle Rechte vorbehalten.
Layout und Einbandgestaltung: Hans-Werner Schirmer, Erfurt.
Fotos von Anne, Katja und Jochen Wiesigel.
Gesetzt aus: 11/13 Centennial-Light.
Gesamtherstellung: Verlag und Druckerei Fortschritt Erfurt GmbH.
Titelbild: Das Strohbärenführen von Orlamünde.

ISBN 3-86087-080-7

Inhaltsverzeichnis

Ein Wort zuvor 7

Zwölf Nächte
Die Hullefraansnacht in Schnett 10
Dreikönigstag 15

Fastnachtsbräuche und Winteraustreibung
Der Strohbär von Orlamünde 18
Ahoi vom Karneval aus Wasungen 24
Zur Fastnacht und Fastenzeit 26

Frühlingsfeste
Sommergewinn in Eisenach 30
„Jetzt fängt das schöne Frühjahr an" 35
Palmsonntag in Heiligenstadt 36
Die Karwoche 38

Osterbräuche
Haseneiersuchen in Goethes Garten 42
Ostern – das Fest der Auferstehung und des Lichtes 45
Osterfeuer und Osterwasser 46
Ostern, das wandelnde Fest 46
Steckenpferdreiten in Dingelstädt 48

Walpurgisnacht
Hexentanz auf der Leuchtenburg – Walpurgisfest bei Kahla 52
Walpurgisnacht 56

Pfingstbräuche
Von Maiengrün und von anderen Pfingstbräuchen 60
Brunnenfeste 61
Laubmann, Gras- oder Lattichkönig 65
Heiratsmarkt in Kaltennordheim 66
Maibaumsetzen in Bad Klosterlausnitz 67
Flößerfest in Uhlstädt 70

Sommerfeste und Sommermärkte
Wo man die Rosenkönigin krönt: in Dornburg 78
Töpfermarkt in Bürgel 84

Pferdemarkt in Buttstädt 89
Unterm Rauch die „Hille-Bille": vom Köhlerfest in Schmerbach 94
Olitätenkönigin und Buckelapotheker in Großbreitenbach 98
Vogelschießen und Schützenfeste 103
Traditioneller Hirschaufzug in Schmalkalden 106

KIRMES- UND HERBSTFESTE
Die Thüringer Kirmes 112
Waidfest in Neudietendorf 118
Fest der Möhrenkönige in Heiligenstadt 121
Wo die siebenhäutige Königin regiert: Zwiebelmarkt in Weimar 125

MARTINSTAG
Der Martinstag.. 132
Der Heilige Martin 132
Der Abgabetag mit der Martinsgans 133
Auftakt winterlicher Schlachtfeste 134
Die Martinsfeier 134
Der Geburtstag des Reformators Martin Luther 136
Zum Martinstag durch Erfurt 136

WEIHNACHTSBRÄUCHE
Weihnachtsland Thüringen 140
Christbaumschmuck und Lichterglanz: Lauschaer Glaskugelmarkt ... 142
Die Weihnachtsfeuer vom Antoniusberg in Schweina 146
Epilog 149

ANHANG
Literaturauswahl 150

Ein Wort zuvor

Dieses Buch möchte Sie durch den Festkreis des Jahres begleiten. Von der „Hullefraansnacht" in Schnett Anfang Januar bis zu den „Antoniusfeuern" in Schweina am Heiligabend stellt es alte Feste und Bräuche vor, die in Thüringen bis heute lebendig geblieben sind. Dazu gehören unter anderem das Strohbärenführen von Orlamünde, der Sommergewinn in Eisenach oder das Flößerfest auf der Saale. Wir laden Sie ein zu den Krönungsfesten der Rosen-, Olitäten- und der Zwiebelkönigin und möchten mit Ihnen das bunte Treiben auf dem Töpfer-, dem Pferde- oder dem Glaskugelmarkt erleben.

Eine umfassende Darstellung aller Feste war selbst nach Recherchen über mehrere Jahre nicht zu leisten, zeigt sich doch die Kulturlandschaft zwischen Saale und Werra noch heute überaus reich an solchen Lichtpunkten. Wir konzentrierten uns daher auf Feste, die uns besonders wegen ihrer Unverwechselbarkeit oder ihrer Ursprünglichkeit gefielen, und von denen wir hoffen, daß sie weiter so gelebt werden. Während wir schildern, wie man sie heute feiert, schlagen wir zugleich Brücken in die Vergangenheit. Wir wollen den Blick schärfen für das Unverfälschte und auch die Gefahren nicht verschweigen, die es im Umgang mit deutschem Brauchtum in der Geschichte gab.

Mit diesem Buch möchten wir bei den Einheimischen das Verständnis für das Überlieferte vertiefen. Und für den Gast will der Bildband eine Einladung sein, dieses Land mit seinen Menschen, ihren Festen und Bräuchen näher kennenzulernen.

Die Autoren   Erfurt, im April 1994

Zwölf Nächte

Im neuen Jahre Glück und Heil;
Auf Weh und Wunden gute Salbe!

Auf groben Klotz ein grober Keil!
Auf einen Schelmen anderthalbe!

Aus: Goethes Sprichwortsammlung

Schnett: Die Hullefraansnacht

Am 2. Januar hagelt es Schläge

Wenn die Sektkorken zur Begrüßung des neuen Jahres knallen und wir mit Leuchtraketen und Böllerschüssen die bösen Geister vertreiben, dann gibt es vor allem in Thüringen einen guten Grund dazu. Denn hier „spukt" es in den zwölf Nächten zwischen Weihnachten und dem Dreikönigstag am 6. Januar. In dieser Zeit nämlich hat der Sage nach Frau Holle mit ihrem wilden Heer den Hörselberg bei Eisenach verlassen und zieht im Lande umher. Greuliche, absonderliche Gestalten finden sich im Gefolge dieses Gespensterzuges. Einige von ihnen – so erzählt die Legende – haben den Kopf unter den Arm geklemmt; andere werfen die Beine locker über die Schultern, manche sind auch an Räder gebunden und wälzen sich mit dem klirrenden Nachtwind unter Getöse, Hundegebell und Hörnerblasen über Berg und Tal.

Am zweiten Tag des jungen Jahres wirbelt das wilde Heer der Frau Holle am 800 Meter hohen Simmersberg bei Schnett durchs Schneegestöber. Und wenn sich die Dämmerung auf das Walddorf senkt, dann tauchen tatsächlich merkwürdige Wesen mit gräßlichen Fratzen im Lichtkegel der Laternen auf und verschwinden im Dunkel, das alles zu verschlingen scheint.

In dicken Flocken fällt Schnee, als hätte Frau Holle nur auf das Zauberwort gewartet, um unermüdlich die Betten über dem Bergdorf auszuschütteln, das abseits der großen Straßen liegt. Schattenhafte Spukgestalten huschen durch Schnett, trommeln an Tür und Tor und stoßen ein furchtbares „Hoi, joi, joi!" aus, daß einem eine Gänsehaut über den Rücken kriecht. Und während man als aufgeklärter Mensch noch überlegt, ob es sich vielleicht um Halluzinationen handeln könnte, spürt man schon eine handfeste Antwort auf dem eigenen Rücken: Denn in Schnett hagelt es in der Nacht des 2. Januar Schläge. Drei kräftige Hiebe mit Weiden- oder Haselnußgerten gibt es, doch jedermann erträgt sie gern. Sie sind als rituelle Reinigung gedacht, sollen die bösen Geister vertreiben und Glück, Gesundheit und Fruchtbarkeit bedeuten.

Meist sind es junge Männer, die sich als „Hulleweiber" verkleidet haben. Jede „Hullefraa", wie Frau Holle in fränkisch-itzgründischer Mundart genannt wird, erwarb zuvor beim Bürgermeister einen

Gesicht einer „Hullefraa".
Bild Seite 11: Schnett im Winter.

„Laufschein", der an jeder Tür vorgezeigt werden muß. Dadurch soll verhindert werden, daß dieser oder jener im Schutz der Maskierung mit Weidenruten womöglich eine vom alten Jahr noch offene Rechnung – etwa mit dem verfeindeten Nachbarn – begleicht.

Wie es sich bei einer „Dame" gehört, wird die „Hullefraa" von einem Gertenträger begleitet. Die-

*Seite 8: „Ströherne",
eine Frau Holle im Strohkleid.*

*Seite 9: Die „Hulleweiber"
auf Tour durch Schnett.*

„Hullefraa" mit Gertenträger beim Heischegang.

„Frau Holle" in anderer Gestalt.

ser sorgt für Nachschub, wenn die Hasel- oder Weidenruten von den vielen Schlägen ausgefranst sind. Vor allem aber sammelt er heute blanke Münzen ein, während man sich früher für die glückverheißenden Hiebe mit Naturalien bedankte.

Heute wie damals aber kommen die „Hulleweiber" nicht aus den Häusern, ohne ein „Schnapsla" zur Brust genommen zu haben. Davon werden die Kniegelenke zunehmend geschmeidiger, die Schritte schlürfender, die Spuren im Schnee kurvenreicher. Und so laufen oder stolpern sie in das junge Jahr, das noch voller Rätsel und Unwägbarkeiten ist an diesem 2. Januar, den man auch „Laufneujahr" nennt. Der Monatsname leitet sich übrigens von dem doppelgesichtigen römischen Gott Janus ab, der nie das Vergangene aus den Augen verliert, während er in die Zukunft blickt.

Im Wirtshaus werden die Gäste gründlich vermöbelt.

Die „Ströherne" erscheint

Am Abend sind die Gaststuben in Schnett übervoll. Beim „Spindler" oder im „Simmersberg" sitzen einheimische Familien und Urlaubsgäste eng beieinander und warten auf die „Hulleweiber". Die Kinder, denen schon so manches Schauermärchen über sie erzählt wurde, zucken zusammen und blicken ängstlich zur Tür, wenn von draußen drei Mal gegen den Pfosten geschlagen wird.

Mit Geschrei stürzt eine Gestalt herein, die vom Kopf bis zum Knie ganz in Stroh eingebunden ist und eine rote Gesichtsmaske trägt. „Hoi, joi, joi!" dröhnt es, und mit erhobener Gerte stürmt sie von Tisch zu Tisch, wobei sie jeden Gast fröhlich vermöbelt und ihm hernach ein gesundes neues Jahr wünscht. Einige versuchen, der „Ströhernen" ein Hälmchen zu entwenden. Man sagt, wer von ihr einen Halm stibitzt und ins Hühnernest bringt, trägt Vorsorge, daß die Hühner nicht aus Versehen beim Nachbarn Eier legen. Manche Ehefrau, so wird gemunkelt, legt ihrem Mann vorsorglich ein Hälmchen ins Kissen, damit er nicht fremdgeht.

Unter einem guten Dutzend „Hulleweibern", die Schnett an diesem

Abend mit ihren Schlägen heimsuchen, nimmt die „Ströherne" eine Sonderstellung ein. Früher stellten die Männer diese aufwendige Verkleidung aus ungedroschenem Stroh in der Vorweihnachtszeit her. Man saß in der „Lichtstube" gesellig beisammen und band die einzelnen Teile, während man heute auf bereits Vorhandenes zurückgreift. Allein das Ankleiden der „Ströhernen" dauert Stunden.

In Abständen kommt eine „Hullefraa" nach der anderen mit dem Gertenträger von ihrer Tour durchs Dorf in die Gaststätte und kämpft sich heiter gertenschlagend von Tisch zu Tisch.

Nach getaner Arbeit werden die greulichen Masken vom Kinn aufwärts zur Stirn gehoben, und man belohnt sich selbst mit einem Bier. Auch wenn es reichlich Hiebe gab, so hat es den Anschein, als sei jeder in der Gaststube froh über die Schläge, die den Rücken massierten. Selbst der Bürgermeister, der mit besonderem Eifer vermöbelt wurde, hält sich schmunzelnd am Bierglas fest.

Rußbeschmiert, mit wirrem Haar: die „Wilde"

Aber noch steht der Höhepunkt bevor: der Auftritt der „Wilden". Vor ihr wurde stets besonders gewarnt, denn sie verkörpert das Ungezügelte, das Böse. Endlich, nach langem Warten, erscheint sie zwei Stunden vor Mitternacht. Wie von einem Windstoß geöffnet, springt die Gastshaustür auf, und mit dem Nachtwind wirbelt sie herein, rußbeschmiert am ganzen Körper, mit wirren, strähnigen Haaren. Sie stößt mörderische Schreie aus, geht über Tische und Bänke und teilt jedem, der ihr in den Weg kommt, mit voller Kraft Hiebe aus. Drunter und drüber geht es jetzt im Wirtshaus. Kinder verstecken sich hinter ihren Eltern. Scheu sehen sie vom geschützten Platz aus zu, wie die „Wilde" dem Bürgermeister das Hemd nach oben streift und ihm weit ausholend drei Schläge auf den nackten Rücken verpaßt. Gleich darauf erwischt es den Nachbarn, der Beifall klatschend daneben stand. Und so geht es brüllend von Tisch zu Tisch. Es scheint, als gerät die „Wilde" geradezu außer sich. Mit Begeisterung teilt sie ihre Schläge aus, für die auch noch jeder dem Gertenträger einige Münzen zusteckt. Zuletzt stürmt sie wieder hinaus und rennt durch Schnee und Nacht davon.

Schnett zu „Laufneujahr" bei Nacht.

Der Brauch, den es in ähnlicher Form noch in Tirol und in einigen ungarischen Dörfern gibt, wird kaum sonst noch in Thüringen gepflegt – nur in dem Bergdorf Schnett. Vielleicht war die Abgeschiedenheit ein Grund dafür, daß sich die „Hullefraansnacht" über die Jahrhunderte halten konnte. Sie geht auf einen heidnischen Fruchtbarkeitsritus zurück, der einst weit verbreitet war und gegen den selbst Martin Luther wetterte, indem er die Frau Holle als *„Frau mit der Potsnasen, die umhängt ihren Treudelmarkt, den Strohharns"* nannte.

Der Brauch ist mitten im Winter auf das Erwachen der Natur gerichtet. Wie die Weidenruten und Haselnußgerten in den Händen der „Hulleweiber" zeigen, ist ja bereits neues, frisches Grün in den Knospen der Bäume und Sträucher eingeschlossen. Mag der Januarwind noch so wütend die Flocken vor sich her treiben, um die Hausecken pfeifen und in den Schornsteinen heulen, *„es muß doch Frühling werden"*.

Dreikönigstag

Der Dreikönigstag am 6. Januar beendet die Zwölf Nächte nach Heiligabend. Nun werden auch in Thüringen die Weihnachtsbäume abgeschmückt und die Krippen abgebaut. Der Brauch geht auf die drei Weisen aus dem Morgenland zurück, die von einem Stern im Osten zur Anbetung des neugeborenen Jesus nach Bethlehem geführt wurden. Vom 5. Jahrhundert an bezeichnete man die drei Männer als Könige; seit dem Mittelalter tragen sie die Namen Caspar, Melchior und Balthasar. Caspar wurde als Mohr dargestellt. Da die Ankunft der Heiligen Drei Könige als ein erstes Aufleuchten der Gottesherrlichkeit (griechisch: epiphaneia) gesehen wurde, spricht die Kirche von Epiphanias oder dem Erscheinungsfest.

In einigen Gegenden Thüringens, vor allem im Eichsfeld, aber auch in Eisenach und Erfurt, ziehen die Sternsinger von Haus zu Haus. Sie bitten um milde Gaben und schreiben ihre Initialen *„C+B+M"* mit Kreide über die Türen. Die Buchstaben stehen auch für *„Christus mansionem benedicat"*: Christus segne diese Wohnung. Da sie einen langen Weg zurücklegten, gelten die drei Könige auch als Schutzpatrone der Reisenden. Wirtshäuser, die „Zum Mohren", „Zur Krone", „Zum Stern" oder „Zu den Drei Königen" heißen, wurden nach ihnen benannt.

Fastnachtsbräuche und Winteraustreibung

*Glaub nicht, wir Narren sind allein,
wir haben Brüder groß und klein
in allen Landen überall,
ohne Ende ist der Narren Zahl.*

Sebastian Brant, 1494

Orlamünde: Der Strohbär

„Der Strohbär kommt!" ruft ein kleines Mädchen mit leuchtenden Augen und zeigt in die Richtung, wo am Fastnachtstag kurz vor 14 Uhr bei einem Hauseingang in der Orlamünder Oberstadt das Bären-„fell" letzte Korrekturen erhält. Dabei handelt es sich um ein Kostüm aus Strohmatten, das die Schüler der hiesigen achten Klasse wieder in den Winterferien geflochten haben. Noch sitzt die Haube ein wenig zu schräg. Auch ist ein Ärmel zu locker. Mit Paketschnur hilft ein darin seit Jahren geübter „Bären-Schneidermeister" nach. Bevor alles perfekt ist, wird aus Freude und Übermut schon mal von den Umstehenden in die Tute geblasen und mit den hölzernen Schnarren geratscht.

Ein Fastnachtsumzug ohne den winteraustreibenden Strohbären – das ist in der sagenumwobenen Stadt Orlamünde, die man auch das „Thüringische Bethlehem" nennt, undenkbar. Auch wenn heutzutage das dafür benötigte extralange und von Hand gesichelte Roggenstroh nur schwer zu beschaffen ist: ein Strohbär muß sein. Diese Symbolfigur des Winters zählte gewiß schon zur Vorstellungswelt der Einwohner, als die Grafen von Orlamünde über das Land herrschten. Sie ließen sich im 11. Jahrhundert auf dem Bergsporn nieder, wo sie mit der Kemenate ihren Wohn- und Wehrturm errichteten, der so etwas wie ein Hochhaus des frühen Mittelalters gewesen sein dürfte. Hier regierten die Orlamünder Grafen bis zum Jahre 1344. Sie zählten zu den mächtigsten und einflußreichsten Adelsherren im Thüringer Land, weswegen sie in den Erbfolgekriegen eine bedeutende Rolle spielten.

Bekannt aber wurde Orlamünde durch die Sage von der spukenden „Weißen Frau", der Gräfin Agnes, die man auch Kunigunde nannte. Sie ließ nach dem frühen Tod des Gatten ihre Kinder ermorden, um noch vor Ablauf der Trauerfrist den Hohenzollern-Sohn Albrecht von Nürnberg zu ehelichen. Als aus der Verbindung dennoch nichts wurde, erfaßte sie Reue, und sie gestand ihr Verbrechen. Auf Knien rutschte sie zum Kloster Himmelskron und bat sogar den Papst um Absolution. Doch selbst nach ihrem Tode sollte sie keine Ruhe finden. Seitdem – so berichtet die Legende – zeigte sie sich immer, wenn ein Unglück bevorstand. In Vollmondnächten will schon so mancher die „Weiße Frau" bei der Burgkemenate gesehen haben, wie sie mit wehendem

Strohbäranprobe beim „Bären-Schneidermeister".

Haar und weißem Gewand durch die Lüfte flog.

Doch seit Jahrhunderten hat sich im Ort eben nicht nur die Sage von der „Weißen Frau" erhalten, sondern auch der Fastnachtsbrauch des Strohbären-Umzugs der achten Klassen.

Voller Ungeduld und Kälte schlagen die Wartenden die Füße

Seite 16: „Brautpaar" mit „Baby" beim Strohbärenumzug.

Seite 17: Gang von der Ober- in die Unterstadt.

Der Strohbär mit Gefolge beim „Oberen Tor".

aneinander. Auch das Zopfmädchen, das als Rotkäppchen verkleidet geht, bibbert. Sie möchte trotz Mahnung des Opas nicht wieder zurück ins schützend warme Haus – wie beispielsweise eine alte Frau, die hinter ihrem Wohnzimmerfenster zusieht. Schließlich treibt man im Jahr nur einmal den Orlamünder Strohbären und damit den Winter aus. Da muß man dabei sein, auch wenn der Frost in die Finger zwickt!

Nur dem Jungen aus der achten Klasse, der sich unter der Strohbärenhaut aus Getreidehalmen verbirgt, dem ist gewiß nicht kalt. Ihm wird freilich auch das maßgescheiderte „Fell" nach der einstündigen Vorbereitungsprozedur gehörig auf der Haut jucken. Doch was tut man nicht alles zum Karneval, wenn ein ganzer Ort seinen Spaß daran hat! Schließlich muß der „Bär" mit sich geschehen lassen, daß ihm noch ein Maulkorb umgehängt wird. Er darf erst los, nachdem er auch in Ketten gelegt wurde. Sobald es von der Turmuhr des nahen Renaissancerathauses Zwei schlägt, geleiten ihn zwei Bärenführer zum Stellplatz an der Schule. Daß ausgerechnet in diesem Moment ein leichter Flockenwirbel niedergeht, paßt ins Szenarium dieses Festes, so als hätten die Orlamünder Jugendlichen ihn extra bestellt. Wie sonst könnte sich der grimmige Winter noch einmal wehren, wenn man ihn auf solch symbolische Weise – in der Gestalt des Strohbären – aus dem Ort treiben will?

Beim „Oberen Tor", einem Stadttor aus dem 13. Jahrhundert, vis a vis des früheren Wilhelmiter-Klosters, das seit der Reformation keine Mönche mehr gesehen hat, wartet schon der Orlamünder Carnevalsverein. Mit seinem buntgeschmückten Wagen wird er sich dem symbolischen Brautzug der Schüler mit ihrem Strohbären anschließen. Den „Hut" aber für diesen Fastnachtsumzug haben in jedem Jahr immer die neuen achten Klassen auf. Das ist so in Orlamünde Sitte; und das haben sich die Kinder seit

Generationen nicht nehmen lassen. Sie eröffnen darum auch den Reigen von der Ober- in die Unterstadt: Vornweg läuft der Bär, von den beiden Führern gelenkt. Hinter ihn reihen sich seine Mitschüler, davon als nächstes ein verkleidetes Hochzeitspaar, das im Kinderwagen ein Riesenbaby spazierenfährt. Der „Säugling" wird von dem kleinsten Jungen der Klasse dargestellt. Die übrigen gehen als Hochzeitsgäste und wecken mit ihren lärmenden Schnarren und Tuten den Frühling von den Feldern auf.

Und während sich der Umzug an dem Renaissancerathaus vorbei in Richtung Marienkirche und Kemenate und dann bergab in die Unterstadt bewegt, sind ein paar Mädchen und Jungen mit dem Einsammeln von Geschenken beschäftigt. Sie klingeln an den Häusern und sagen Heischeverse auf. Reichlich fließen dafür von den Bewohnern Naturalien und Geld in ihre Körbe.

Am Abend, nach dem fast zweistündigen Umzug, wird die „Beute" von den Schülern „auf den Kopf geklopft" und kräftig gefeiert. Doch zuvor dehnt sich der Festzug entlang der Kalkhänge durch die Gassen von Orlamünde. Immer mehr Kinder schließen sich dem Marsch von der Oberstadt ins Saaletal an.

Fastnachtsumzug durch Orlamünde.

Verse, Sprüche & Reime

„Ich bin der kleine Dicke,
Ich wünsche Dir viel Glücke,
Ich wünsche, daß Du lange lebst
Und mir auch noch 'nen Groschen gebst."

„Guten Morgen!

Frisches Grün, langes Leben!

Ihr sollt uns einen blanken Taler, Äpfel oder Schokolade geben!"

„Ich bin ein kleiner König,
Gebt mir nicht zu wenig.
Gebt mir 'n Stückchen Käsebrot
Dann werden meine Wangen rot.
Laßt mich nicht so lange stehn,
Muß noch ein bißchen weitergeh'n."

(Heischeverse)

Fastnachtsplausch am Fenster.

Mit dem Strohbärenfell verbrennt zugleich der Winter.

Bild unten links: Die Funkengarde vom Orlamünder Carnevalsverein ist auch dabei.

Bei den letzten Siedlungshäusern des Ortes, auf freiem Feld, endet der frühlingsgewinnende Fastnachtszug. Nun warten alle auf den Moment, da der Strohbär wieder von seinem „Fell" befreit wird. Die Strohmatten werden als Hocke zwischen die Furchen gestellt. Ein Bärenführer hält ein Feuerzeug an einen Halm. Sofort fängt das Stroh Feuer. Es lodert und prasselt in gelbroten Farben. Die Gesichter der Umstehenden verschwimmen. Hitze steigt auf; und es knistert, bis alles in sich zusammenfällt. In Sekundenschnelle ist alles verbrannt. Zurück bleibt ein winziger Aschehaufen. Mit dem Bärenfell aus Stroh stirbt in Orlamünde auch symbolisch der Winter.

Orlamünde: Von der Oberstadt geht der Blick weit über das Saaletal.

Wasungen: Ahoi vom Karneval

Die Stadt Wasungen, an der B 19 zwischen Eisenach und Meiningen gelegen, ist bekannt für ihre überreiche Fachwerksubstanz. Ihre Geschichte läßt sich bis in das Jahr 874 zurückverfolgen, als die Adelsdame Kunihilt ihr Hab und Gut von „Vuasunge" an das Kloster Fulda vermachte. Es handelte sich dabei um eine Ansiedlung von Bauern, die sich am linken Ufer der Werra niedergelassen hatten. Der Name des Ortes leitet sich daher aus dem althochdeutschen Wort „Wasen"= feuchter Rasen ab. Im 12. Jahrhundert legten die Herren von Wasungen unterhalb ihrer Burg, die später „Maienluft" genannt wurde, den heutigen Marktflecken an. Als das im Ausgang des 13. Jahrhunderts neugegründete Wilhelmiter-Kloster zu ansehnlichem Grundbesitz gelangt war, kam es zu den ersten Auseinandersetzungen mit den Bürgern des Ortes. Kaiser Albrecht I. war es, der bei einem Besuch Wasungen bereits im Jahre 1308 das Stadtrecht verlieh. Dies war zu einer Zeit, da gehörte die Niederlassung von Rittern, Geistlichen und Bürgern inzwischen als wichtigstes Machtpotential zur Grafschaft der Henneberger. Wasungen war seitdem der Sitz eines Verwaltungsamtes und des freien kaiserlichen Landgerichts. Seit dem Mittelalter entwickelte sich das Fachwerkstädtchen innerhalb seiner Mauern mit den ehemals drei Toren und zehn Wohn- und Wehrtürmen prächtig. Zeitweilig hatte die Bürgerschaft der Stadt allerdings soviel Selbstbewußtsein erlangt, daß sie ihrem Landesherren ein Dorn im Auge war.

Das war auch die Zeit, als der berühmte Wasunger Karneval seinen Anfang nahm. Noch heute lockt das Fest zu diesem Ereignis alljährlich Tausende Gäste in den Ort. Besonders zur Karnevalszeit zeigt sich die Fachwerk- und Narrenstadt in ihrer ganzen Lebendigkeit. Haupttag des Wasunger Karnevals ist immer der Samstag, an dem sowohl die öffentliche Schlüsselübergabe als auch der historische Festumzug stattfinden. Wir waren für dieses Buch „Feste und Bräuche in Thüringen" an einem solchen Tag dabei:

Am Fastnachtssamstag, so gegen Eins, kommen die ersten Wasunger Narren, verkleidet im Seidenkostüm mit Schminkgesicht, mit Pappnase und Hut, mit Perücke und kurzem oder langem Rock, wieder aus ihren Häusern. Sie laufen in Schlappschuhen oder auf Stöckelabsätzen, gehen vermummt oder im dünnsten Stoffetzen auf die reifbeglänzte Straße und tragen Teufelsbesen, Konfetti-Tüten und Luftschlangen bei sich.

Die vergangene Nacht der Büttenreden und Balletteinlagen, der Schunkelwalzer und Faschingslieder, der „bierernsten" Gespräche mit nicht nur einem Kümmel und einem Korn war kurz; die nächste wird es nicht minder. Der närrische Rat hat seit elf Uhr elf die Schlüsselgewalt über das hübsche Wasunger Rathaus am Markt, das schon seit Luthers Zeiten hier steht. Ebenso alt - fast fünfhundert Jahre – ist die Tradition des Wasunger Volkskarnevals, der Streiche und hier aufgeführten Fastnachtsspiele. Da versteht sich von selbst, daß in der Thüringer Faschingshochburg das närrische Treiben nicht nur – wie anderswo – läppische drei Tage andauert. In Wasungen feiert man den Karneval eine ganze Woche lang – vom Donnerstag bis zum Aschermittwoch.

Am Fastnachtssonnabend steigt wie immer der historische Festumzug durch die Narrenstadt Wasungen. Bis am letzten Tag wieder der diesjährige Prinzregent mit seinem Elferrat und der Leibgarde das Zepter aus der Hand gibt, wird es heiß hergehen. So war es schon immer gewesen – so soll's auch immer sein.

Auch der Wirt vom „Gasthof zum Bären" hat schon wieder seinen Bratwurstrost vor's Tor gestellt. Dampf zischt auf, und schon duftet es von dort verführerisch. Auf's Fensterbrett stellt er zum Verkauf ein paar „Taschenrutscher". Auf Kunden braucht er nicht lange zu warten.

„Ahoi!" ruft der erste und gesellt sich zum Würst'lbrater. Ein Trommler vom Spielmannszug kommt vorbei und haut auf die Pauke. Zwei Hexen schlüpfen aus einer Toreinfahrt und schwenken schon mal kichernd ihre Besen. Ein Mönch grüßt herüber und steckt sich eine Zigarrette an. Ein Karnevalswagen tuckert zum Stellplatz. Die Ballettmädchen, die in ihren dünnen Kostümen die vier Jahreszeiten verkörpern, halten sich mit Tanzschritten bei heißer Musik warm.

Bis der Prinz mit seinem Gefolge um 14.11 Uhr vom Rathaus für den Aufmarsch abgeholt wird, haben sich die vier Straßen von Wasungen mit Menschen angefüllt. Zwanzigtausend Besucher im sonst nur viertausend Seelen zählenden Städtchen waren es schon manchmal. Alles, was Beine hat, ist immer mit dabei. Und nur die ganz Bequemen schauen aus ihren faschingsgeschmückten Fenstern.

Wenn die Ungeduld des Wartens ihren Höhenpunkt erreicht hat, ist es dann soweit. Vornweg sprengen drei Reiterinnen. Hinter Prinz Karneval reihen sich bald tausend Teilnehmer in Kostümen und mit bunten Wagen. Das ist jeder vierte Einwohner im Ort! Wo gibt es sonst noch Feste in Thüringen, die aus den eigenen Reihen so viele „Mitmacher" haben?

Ein bis zwei Stunden lang wälzt sich dann in der Regel der Umzug durch den Fachwerkort an der Werra – wie ein farbenfroher lebhafter „Lindwurm", der Konfetti und Luftschlangen, Böllerschüsse und Bonbons an die Zuschauer„girlanden" auswirft. Wer also meint, daß man in Deutschland nur an Rhein und Main gehörig Fasching feiern kann, der muß wenigstens einmal im thüringischen Wasungen dabeigewesen sein, wenn im Ort der Karnevalsumzug startet unter dem vielfachen Ruf: „Ahoi!"

Verse, Sprüche & Reime

„Ich mahn all Ständ der ganzen Welt,
zu welchem Rang sie auch gezählt,
daß sie nit tun wie die Seeleut,
die uneins sind und haben Streit,
wenn sie sind mitten auf dem Meer
in Wind und Ungewitter schwer;
und eh sie werden eins zur Stund,
fährt die Galeere auf den Grund."

Aus dem „Narren schyff" von S. Brant (1494)

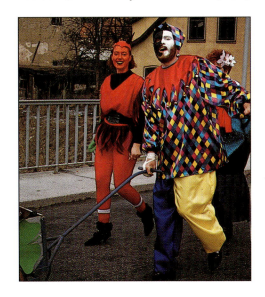

In Wasungen sind zum Fastnachtsumzug alle auf den Beinen.

Zur Fastnacht und Fastenzeit

Vor der Fastenzeit schlugen unsere Vorfahren noch einmal so richtig über die Stränge. Was sie an Vorräten durch den grimmigen Winter gerettet hatten, das brauchten sie nun ohne Vorsicht auf. Sie waren froh, am Leben zu sein, und sie wollten es von Herzen genießen. Ausgelassen lärmten sie, um sich die Angstgespenster aus dem Leib zu schreien. Auch diesmal hatten sie die eisige Winterzeit überstanden. In wenigen Wochen schon brachte der Bauer die neue Saat in den Boden. Also rüttelten sie die Bäume und peitschten mit Reisern die froststarre Erde, damit sich die Kräfte der Natur, die nach ihrer Vorstellung noch darin schliefen, wieder räkelten und reckten. Aus diesen Fruchtbarkeitsreisern wurde übrigens später die Trietsche, die der Narr noch heute zum Fasching trägt.

Als Narren galten im Mittelalter die geistig Behinderten. Sie mußten eine Tracht tragen, die mit Glöckchen versehen war. Wenn sie so mit Narrenkittel und Narrenkappe als „schellenlaute Toren" durch die Gassen liefen, durften sie für ihre Taten oder Reden nicht bestraft werden. *Till Eulenspiegel*, der in der Universitätsstadt Erfurt einem Esel das Sprechen beibrachte, trug vorsichtshalber eine

solche Kappe bei seinen Späßen. Im Schutz des Mummenschanzes konnte man Überkommenes in Frage stellen, Heuchler verspotten oder „denen da oben" lachend die Wahrheit sagen. Aber nur in der Faschingszeit und innerhalb der Spielregeln, dann bestand für beide Seiten keine Gefahr – und alles durfte hinterher so bleiben, wie es vorher war.

Dem heutigen Karneval merkt man nicht mehr an, daß er aus der Kirche kommt. Mit ihren Narren- und Eselsfesten hatten im Mittelalter kleine Kleriker versucht, aus den Klostermauern auszubrechen. Sie probten den Aufstand, indem sie sich als Frauen verkleideten, Würste auf dem Altar aßen oder Karten vor dem Priester spielten, der die Messe las. Anschließend zogen sie durch die Gemeinde. Als die Narretei in den Kirchen verboten wurde, verlagerte man die Feste nach draußen, denn das Bedürfnis nach Spaß und Zerstreuung war nicht totzukriegen.

Karneval soll vom lateinischen „Carne vale" – „Fleisch lebe wohl" abgeleitet sein und auf die Entsagung von fleischlichen Genüssen zielen. So mancher närrische Gelehrte aber meint, der Begriff komme von „Carrus navalis", dem Schiffskarren, der im Festzug mitgeführt wurde, wenn die Wasserstraßen wieder vom Eise befreit waren. Erinnert sei auch an das „Narren schyff" des Sebastian Brant von 1494. Das 500 Jahre alte Buch, das damals mit Holzschnitten von Albrecht Dürer erschien, liest sich angesichts unserer heutigen närrischen Welt geradezu wie ein „modernes" Werk.

Seite 26: Das Prinzenpaar am Wasunger Rathaus.

Zum Karneval wird kräftig auf die Pauke gehaun.

Fastnacht im Wortsinne ist nur die Nacht vor Aschermittwoch. Und am Mittwoch wurde früher tatsächlich die Asche aufs Feld gebracht. Die katholische Kirche griff den Brauch auf und wandelte ihn ein wenig ab. Einst verbrannte man die geweihten Palmzweige des vorigen Palmsonntags und streute den Gläubigen „Asche aufs Haupt". Oder man strich ihnen mit Asche ein Kreuz auf die Stirn. Damit waren die närrischen Tage vorbei.

Früher begann am Aschermittwoch die Fastenzeit und dauerte bis zur Osternacht an. Insgesamt 40 Tage fasteten unsere Vorfahren. So lange, wie der Regen der Sintflut strömte. Einst aßen die Gläubigen am Karfreitag und Karsamstag überhaupt nichts. Später lockerte man die Regeln. Katholische Gläubige mußten nur noch am Aschermittwoch und an Freitagen auf das Fleisch warmblütiger Tiere verzichten. Viele fasten heutzutage bloß noch symbolisch. Einige hungern, um etwas von dem Winterspeck loszuwerden.

Doch obwohl es das Fasten fast gar nicht mehr gibt, ist die Fastnacht geblieben. Fast überall.

Frühlingsfeste

*Frühling läßt sein blaues Band
Wieder flattern durch die Lüfte;
Süße, wohlbekannte Düfte
Streifen ahnungsvoll das Land.*

Eduard Mörike, Er ist's

Eisenach: Sommergewinn

"Wohlan, Herr Winter, es ist soweit,
vorbei ist deine Regentenzeit!
Ich werde im Kampf dich bezwingen!"

Umgeben von blühenden Mandelbäumchen streitet *„Frau Sunna"* von ihrem prächtig geschmückten Wagen mit dem Winter, der neben ihr auf dem Eisenacher Marktplatz in seiner grauen Kutsche sitzt. Mühsam erhebt sich der weißbärtige Mann im eisgrauen Mantel, schüttelt seine Ketten und erwidert:

„Meine Macht ist noch lang nicht zu Ende!
Noch tobt der Nordwind in meiner Brust..."

Die Zuschauer, die das Spektakel verfolgen, antworten ihm mit Pfiffen und Buhrufen. Eisenach feiert den *„Sommergewinn"*, das größte Frühlingsfest in Thüringen und wohl auch das einzige seiner Art in Deutschland. Zehntausende stehen am Straßenrand und sehen zum Frühlingsanfang den Festzug, der sich von der Weststadt durch die Gassen und Straßen bis zum

Der grimmige „Winter" in seinen letzten Zügen beim Sommergewinn.

Seite 28: Wildkirschenbaum im „Saalthal".

Seite 29: Frühlingsschmuck an den Häusern von Eisenach.

Rathaus wälzt. In der Georgenvorstadt geht es vorbei an prächtig geschmückten Häusern, die mit bunt bemalten und auf lange Schnüre aufgefädelten Eiern, mit Hähnen, Brezeln und Papierblumen verziert sind.

Ein Herold zu Pferde führt den Reigen an. Ihm folgt ein Gefährt mit den Insignien des „*Sommergewinns*", einem großen Hahn, einem überdimensionalen Ei, dem Symbol der Fruchtbarkeit, und einer Riesenbrezel. Immer wieder ertönt der Ruf des Eisenacher Frühlingsfestes „*Gut Ei, gut Ei und Kikeriki!*", während Wagen um Wagen das Zuschauerspalier passieren. Nach zahlreichen Trachtengruppen, vorwiegend aus Thüringen und dem benachbarten Hessen, erscheinen die „alten Germanen". Sie rollen ein „Feuerrad" vor sich her und erinnern so daran, daß unsere heidnischen Vorfahren einst solche brennenden Räder im Frühjahr zu Tal gerollt hatten.

Im Zug folgt der Winter. Mit eingefallenen Wangen gibt er ein Bild des Jammers ab, auch wenn er noch auf seinem Thron sitzt und von Schneeflocken umtanzt wird.

Die strahlende „Frau Sunna" verkörpert die Sonne.

Bald tauchen als Schneeglöckchen kostümierte Kinder auf; andere tragen Blütenbüsche. Auch Pilze, Frösche und Raupen geraten ins Blickfeld. Aus einem Ei lugt ein Kücken hervor, und nach den tanzenden Sonnenstrahlen erscheint „*Frau Sunna*" im Strahlenkranz auf ihrem Blütenthron. Auf Rädern schweben „Schmetterlinge" daher. Gärtnerinnen und Gärtner, begrüßt von der sonnenhungrigen Menge, werden nicht müde, den Festspruch zu rufen „*Gut Ei, gut Ei und Kikeriki!*"

Den Schluß- und Höhepunkt des „*Sommergewinns*" bildet das anfangs erwähnte Streitgespräch zwischen „*Frau Sunna*" und dem

„*Gut Ei und Kikeriki*".

„*Herrn Winter*", bei dem der eisgraue Mann nach einem hilflosen Aufbäumen gewissermaßen in sich zusammenschrumpft. Und als die Sonne ausruft: „*Fort muß er nun, der die Freude nicht kennt, der Feind ist dem Leben und Lieben*", da wird eine Strohpuppe angezündet, die sein Ende besiegelt.

Jahr für Jahr feiern die Eisenacher den „*Sommergewinn*" am dritten Sonntag vor Ostern, Lätare, wobei der festliche Umzug schon am Samstag stattfindet. Der Brauch vom Todes- oder Winteraustreiben und dem „*Sommergewinn*" stammt noch aus einer Zeit, in der man

„*Frau Sunna*"
im Streitgespräch mit Herrn Winter.

Selbst ein „Kücken" schlüpft beim „Sommergewinn" aus dem Ei.

der", sangen sie dabei. Der älteste Bericht über den Eisenacher Sommergewinn stammt aus dem Jahr 1700. Ein Festzug mit Winter- und Sommerwagen hatte sich zum ersten Mal 1897 durch die Stadt bewegt. Seitdem entwickelte sich der „Sommergewinn" zu einem Volksfest, das, mit Ausnahme der beiden Weltkriege, kaum unterbrochen wurde.

das Jahr nur in Sommer und Winter und nicht in die vier Jahreszeiten einteilte. Früher rollten Eisenacher Mädchen und Jungen ein Rad, an das ein brennender Strohmann gebunden war, vom Mittelstein ins Tal. Und während es funkenstiebend hinabtrieb, versuchten einige Burschen, etwas vom „Sonnenfeuer" einzufangen, weil es, im Herd entfacht, die bösen Geister zum Schornstein hinausjagte. Nachdem sie so den Winter, den „Tod ausgetrieben" hatten, holten sie eine Tanne aus dem Wartburgwald und stellten sie, geschmückt mit bunten Bändern, auf den Festplatz. So wurde der Sommer „gewonnen". *„Nun han wir den Tod ausgetrieben und brengen den lieben Sommer wie-*

Ein Riesenschmetterling aus Papierblüten beim Umzug.

Wiese im „Saalthal".

„Jetzt fängt das schöne Frühjahr an"

Jeder Tag wird für sich zum Fest, wenn der Frühling endlich *„sein blaues Band"* wieder durch die Lüfte flattern läßt, wie es Eduard Mörike in seinem unsterblichen Gedicht *„Er ist's"* beschrieben hat. Kaum sind die letzten Schneereste geschmolzen, dringen Buschwindröschen, Leberblümchen und Lerchensporn aus der dunklen Erde. Die Schlüsselblume öffnet die Schleusen für unsere angestaute Sehnsucht nach Wärme, und die Kuhschelle läutet mit ihren blauvioletten Blüten und sonnengelben Staubblättern die warme Jahreszeit ein. *„Die Welt wird schöner mit jedem Tag/ man weiß nicht, was noch werden mag/ das Blühen will nicht enden"*, sang Ludwig Uhland. Und wie der Dichter sind auch die heimgekehrte Lerche überm Feld und der Star, der draußen auf dem Kobel singt, von Herzen davon überzeugt, daß sich nun *„alles, alles wenden"* muß.

Seitdem die Sonne ins Sternbild Widder eintrat, werden die Tage wieder länger. Wenn wir die Frühlings- und Sommerzeit zusammenziehen, dann dauert das warme Halbjahr auf der nördlichen Halbkugel unserer Erde sogar sieben Tage und 18 Stunden länger als Herbst und Winter. Das kommt, weil sich unser Planet in einer Ellipsenbahn um die Sonne bewegt, meinen die Gelehrten. Aber wir wollen ihnen nicht so recht glauben, weil für uns bisher jeder Frühling wie im Lerchenflug verging. Kaum hatten wir endlich wieder den Kuckucksruf im Wald gehört, da lag schon Blütenschnee vor unseren Füßen. So schien es uns. Aber diesmal, diesmal werden wir den Frühling wie ein einziges Fest genießen. Diesmal lassen wir uns nicht von dringenden Terminen fesseln, während draußen das Land von Blüten überschäumt. Nicht morgen, nein heute noch fahren wir hinaus zu den Drei Gleichen oder an die Saale! Vielleicht gelingt es uns, ein Zipfelchen des *„blauen Bandes"* festzuhalten.

Bild unten: Kirschblüten

Verse, Sprüche & Reime

WALTHER VON DER VOGELWEIDE

blütenzeit

Der reif, er tat den
  kleinen vögeln weh
sie konnten nicht mehr
  singen
nun hör ich sie so wonne-
  voll wie je
seit alle knospen springen.

JOSEPH VON EICHENDORFF

FRÜHLINGSGRUSS

Es steht ein Berg in Feuer,
In feurigem Morgenbrand.
Und auf des Berges Spitze
Ein Tannbaum über'm
  Land.

Und auf dem höchsten
  Wipfel
Steh ich und schau vom
  Baum.
O Welt, du schöne Welt du,
Man sieht dich vor Blüten
  kaum!

Heiligenstadt: Palmsonntag

Dumpf und tief ertönt die Glocke der Probsteikirche St. Marien am Palmsonntag in Heiligenstadt. Sie ruft zur großen Leidensprozession, die neben den Wallfahrten der kirchliche Höhepunkt im katholischen Eichsfeld ist. Zwei Stunden nach Mittag beginnt der Zug seinen Weg von der oberen Lindenallee aus durch die Stadt. Dicht gedrängt stehen Tausende Spalier und blicken zu den plastischen Schaubildern, die auf Männerschultern vorübergetragen werden. Manche beten am Straßenrand, einige singen die alten Prozessionslieder mit. *„Mir nach, spricht Christus"* und *„Solls sein, so sei's"*, tönt es inmitten der Häuserzeilen.

Ein Großvater hält seinen Enkel auf dem Arm und erklärt ihm in einfachen Worten die Leidensgeschichte. Sie alle gehören dazu und sind beteiligt.

Zum Anfang der Leidensprozession wird das *Abendmahl* vorübergetragen. In lebensgroßer Darstellung zeigt es Jesus, vor ihm die Gaben von Brot und Kelch. Die Abendmahlsgesellschaft, die wir von zahlreichen Gemälden großer Meister kennen, wurde ausgespart. Wir sind allein auf ihn verwiesen und müssen uns vorstellen, wie er in der Mitte der Tafel sitzt und sagt:

„Das ist mein Leib, das ist mein Blut, für euch hingegeben. Tut dies zu meinem Gedächtnis."

Statt der Jünger, die ihn umgaben, stehen Tausende am Straßenrand, die so ganz selbstverständlich einbezogen und auf das Wesentliche verwiesen sind.

Auf dem zweiten Bild ist *Jesus* dargestellt, wie er nachts *am Ölberg* betet. Während die Jünger, die mit ihm wachen sollten, eingeschlafen sind, fleht er:

„Abba, Vater, alles ist dir möglich. Nimm diesen Kelch von mir! Aber nicht mein, sondern dein Wille geschehe."

Dem Schaubild folgt die *Verspottung Jesus'*. Mit verbundenen Augen, von Marterwerkzeugen umgeben, ist der Schmerzensmann dem Spott ausgeliefert. So wird sein Bild vorübergetragen an den Menschen, die aus eigenem Erleben genug Beispiele dafür kennen, wie ihnen oder anderen Leid zugefügt wurde. Die *Darstellung des Gekreuzigten* auf dem rund vier Meter hohen Kreuz überragt das Bild der *Schmerzensmutter*, das ihm folgt. Zehn Männer haben an der *Mater dolorosa* schwer zu tragen. Die Rücken gebeugt, halten sie auf ihren Schultern die Pieta aus Terrakotta.

Als letztes Passionsbild beschließt das *Heilige Grab* den Palmsonntagszug. Es ist mit Girlanden aus Tannengrün und einer Krone geschmückt. Die Krone symbolisiert die Auferstehung, den Sieg über den Tod.

Seit über 250 Jahren ließen sich die Heiligenstädter in den wechselnden Zeiten ihre Prozession nicht nehmen, die durch die Sparsamkeit der Mittel wohl einzigartig in Deutschland ist. In ihrer jetzigen Form haben sie die Jesuiten ins Leben gerufen. Sie griffen auf die Mysterienspiele des Mittelalters zurück, mit denen dem Volk die Leidensgeschichte Christi dargestellt wurde. Heiligenstädter Heimatforscher gehen davon aus, daß einst auch in ihrer Stadt solche Passionsspiele stattfanden, wie sie heute noch in einigen Orten Tirols abgehalten werden. Mit der Reformation, die um Heiligenstadt keinen Bogen machte, verschwanden sie zunächst. Die Eichsfelder aber ließen sich im Zug der Gegenreformation von den Jesuiten bereitwillig wieder zum katholischen Glauben zurückführen. 1734 verlegten sie die Prozession auf Palmsonntag, den letzten Sonntag vor Ostern.

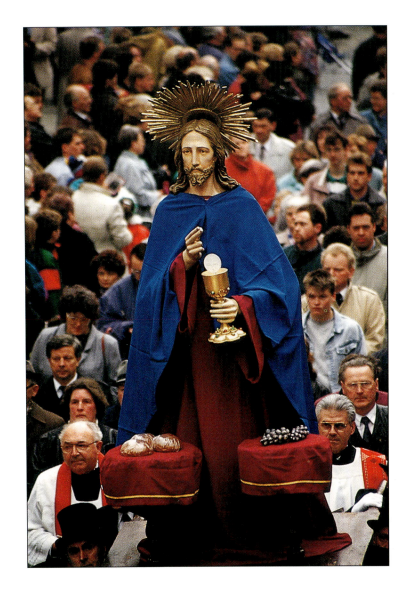

„Das Abendmahl" eröffnet die Palmsonntags-Prozession im eichsfeldischen Heiligenstadt.   Das 4 Meter hohe Bildnis des Gekreuzigten.

Bild links: Der Dichter Theodor Storm ist immer unter den Passanten.

Die Karwoche

Mit dem Palmsonntag beginnt die Karwoche des Leidensgedächtnisses Christi. Dieser Tag erinnert an seinen triumphalen Einzug in Jerusalem. Die Menschen breiteten ihre Kleider auf der Straße aus, andere schnitten Zweige von den Bäumen und streuten sie auf den Weg. Christus ritt auf einem Esel, dem Symbol des Friedens, in die Stadt. Heute weiht die Kirche an diesem Tag Palmzweige; in Thüringen sind es Weidenkätzchen- und Buchsbaumzweige. Viele Eichsfelder beispielsweise bewahren sie das Jahr hindurch als Sakramentale in ihren Familien auf.

Am *Gründonnerstag* abend findet sich die Gemeinde zur Eucharistiefeier im Gedächtnis an Christi ein, der in Jerusalem zum Passah-Fest mit seinen Jüngern das Osterlamm verzehrt und Brot und Wein mit ihnen zum Heiligen Abendmahl geteilt hatte. Später wurde er gefangengenommen, weil Judas ihn verraten hatte. Als Zeichen der Trauer über das Leiden und den Tod Christi schweigen vom Gründonnerstag bis zur Osternacht die Glocken der katholischen, teilweise auch der evangelischen Kirchen. In den Gotteshäusern werden die Kreuze mit Tüchern verhängt; die Orgeln dürfen nicht ertönen. Im Volksmund hieß es: Die Glocken flogen nach Rom. Früher fand am Gründonnerstag die Versöhnung

Bändergeschmückte Forsythienzweige am Straßenrand.

Die „mater dolorosa", eine Pieta aus Terrakotta.

mit den Büßern statt, die am Aschermittwoch von der Gemeinde ausgestoßen worden waren. Die Büßer, das waren die *„Greinenden"*, die Weinenden. Aus dem „Greindonnerstag" wurde unser Gründonnerstag. An ihm kommt aber auch die Farbe Grün zu ihrem Recht, wie die Speisezettel der meisten Familien zeigen.

Karfreitag leitet sich vom althochdeutschen *„kara"*, Trauer, ab und gilt dem Gedenken an den Tag, an dem Jesus gekreuzigt wurde. Für die evangelischen Christen ist der Karfreitag der höchste Feiertag. Die katholische Kirche legt Wert auf den Zusammenhang von Kreuzigung und Auferstehung, während die russisch-orthodoxe Kirche die österliche Auferstehung hervorhebt.
Musikalische Darbietungen sind an diesem „stillsten Tag des Jahres" in den Kirchen sehr selten. Dafür erklingen in vielen Konzertsälen Thüringens am Karfreitag die Passionsmusiken der großen Komponisten, die einst hier zu Hause waren: Heinrich Schütz oder Johann Sebastian Bach.

Osterbräuche

*Vom Eise befreit sind Strom und Bäche
Durch des Frühlings holden, belebenden Blick
Im Tale grünet Hoffnungsglück;*

Johann Wolfgang Goethe, Faust I

Weimar, Goethes Garten: Haseneiersuchen

Wer aus Frankfurt am Main nach Thüringen kommt, um hier zu bleiben, bringt manchmal auch liebe Gewohnheiten und Bräuche mit. So, wie er es aus seiner Kindheit kannte, versteckte *Johann Wolfgang Goethe* am *Gründonnerstag* für die Kinder seiner Freunde farbig verzierte Haseneier im Garten. Und weil man es ihm einst so erzählt hatte, machte er nun auch dem Fritz von Stein, dem Sohn der Freundin, und den anderen weis, daß der *Osterhase* dagewesen wäre und die Eier gelegt hätte. Dabei war man sich damals in Thüringen noch gar nicht einig, ob dafür nicht vielmehr der Hahn zuständig sei, wie man in Erfurt oder Gotha glaubte. (Allerdings mußte er am Tag zuvor erst mit einem Schlag auf den Schwanz an seine Osterpflicht erinnert werden.)

In der Gegend um Suhl meinte man gar, die Eier bringe der Storch, und in Möhra, wo Luthers Eltern gelebt hatten, schob man dem Kuckuck diese Aufgabe zu.

Aber Goethe hatte gesprochen, und siehe: Nun war jedermann überzeugt, daß Meister Lampe auch in Thüringen die Ostereier legt. Man hätte es sich denken können. Wer den Mond lange genug ansah, entdeckte ohnehin bei einiger Phantasie das Bild eines springenden Hasen auf seiner Scheibe. Den Naturvölkern galt das Tier, das immer mit zwei Löffeln frißt, als Symbol der Fruchtbarkeit. Da konnte der mittelalterliche Klerus, der in ihm den „*Teufelsbraten*", das Bild der schnöden Fleischeslust sah, seinen Siegeszug zwar etwas aufhalten, doch verhindern konnte er nicht, daß es zum Ruhme des Osterhasen sein Abbild aus Teig, Schokolade, Plüsch, Plaste und Papiermaché unterdessen in vielen Ländern gibt.

Viel älter als der alte Hase ist allerdings das Ei, das jener doch eigentlich erst gelegt haben soll. Unsere heidnischen Vorfahren beschenkten sich mit Eiern, die sie meist rot gefärbt hatten, weil sie dieser Farbe Schutz- und Zauberkräfte zusprachen. Den Christen erschien das überlieferte Frühlingsei als Osterei bestens geeignet. Sogar das Rot durfte bleiben, denn es konnte als die Farbe des Blutes gelten, das Jesus vergossen hatte. Und da ein Ei Leben schlechthin bedeutet und wirklich

Goethes Gartenhaus zu Weimar.

Seite 40: Osterbrunnen in Dröbischau.

Seite 41: „Vom Eise befreit …"

Bild unten: Haseneiersuchen in Goethes Garten.

Am Gründonnerstag in Goethes Garten „vor den Toren der Stadt".

pulsierendes Leben in der Schale birgt, kann es gar kein besseres Symbol für die Auferstehung geben. Außerdem fügte es sich gut, daß in der Fastenzeit viele Eier anfielen. Diese weihte die Kirche seit dem 12. Jahrhundert zu Ostern. Bald machte man sich *Ostereier* zum Geschenk, verzierte sie, schrieb im 17. Jahrhundert Verse darauf, versilberte oder vergoldete sie später sogar oder schuf wahre Wunderwerke wie die Schmuckeier von Fabergé, dem Hofjuwelier des letzten russischen Zaren.

Goethe wollte vielleicht nichts weiter, als den Kindern – und sich – eine Osterfreude bereiten, indem er die Haseneier im Garten versteckte. Doch er begründete damit einen Brauch, der noch heute gepflegt wird. Alljährlich am Gründonnerstag kommen Kinder aus Weimar, um wie zu seinen Lebzeiten am Hang hinterm Gartenhaus, unter den Hecken, im Forsythienstrauch oder im Gras nach Haseneiern zu suchen.

Nach der Haseneiersuche bestaunt diese Kindergartengruppe vor Goethes Gartenhaus ihren Fund.

Ostern – das Fest der Auferstehung und des Lichtes

Unter den vielen Festen im Jahr ist Ostern wohl das fröhlichste. Nicht nur für die Gläubigen, sondern auch für diejenigen, die an der Auferstehung des Gekreuzigten zweifeln. Selbst den Griesgram, der meist mit Kummerfalten vor dem Fernseher hockt, hat an den Ostertagen eine kindliche Freude erfaßt. Er verläßt den Ohrensessel, legt das Kissen aufs Fensterbrett, stützt die Arme darauf und läßt sich von der Frühlingssonne streicheln.

In den Vorgärten von Eisenach bis ins thüringische Osterland bei Altenburg sind die Sträucher und manchmal auch kleine Bäume mit farbigen Ostereiern geschmückt. Obwohl die Menschen vor allem in den Städten den Wechsel der Jahreszeiten nicht mehr so intensiv erleben wie früher, so spürt fast jeder gerade jetzt einen Hauch von diesem „Stirb und werde", das den Festkreis des Jahres dreht.

Die meisten Thüringer zieht es zu einem Osterspaziergang hinaus, und während sie Ausschau nach dem ersten Grün halten, schwingen in ihnen die Verse mit, die um 1800 in Weimar entstanden:

„Vom Eise befreit
sind Strom und Bäche
durch des Frühlings holden,
belebenden Blick."

Auf den Waldwegen bei Ilmenau oder im Schwarzatal, am Inselsberg oder am steil aufragenden Jenzig bei Jena „blinken uns farbige Kleider an". Mancher fährt auch nach Weimar, um in den Parks von Belvedere, von Tiefurt oder im Ilmpark vor Goethes Gartenhaus das Osterfest zu feiern, das schon zu Lebzeiten der Großen von Weimar ein Fest der Familie und besonders der Kinder war.

Osterfeuer und Osterwasser

Früher loderten *Osterfeuer* auf vielen Hügeln und Hängen und erinnerten an die heidnischen Feuer der Sonnenwende. Im 8. Jahrhundert berichtete Bonifatius, der große Bekehrer, wie die Germanen feierlich das Feuer entzündeten, indem sie ein Kristall ins Sonnenlicht hielten. In Thüringen warfen sie die Köpfe toter Pferde in die Glut, nicht anders übrigens als die Griechen bei den Feuern zu Ehren ihrer Göttin Artemis. Nachts sprangen junge Paare durch die Flammen. Dies, so meinte man, werde sie fürs Leben zusammenschmieden, wie das Feuer Eisen fest zusammenschweißt. Unsere Vorfahren entzündeten mit Stroh umwickelte Räder oder Scheiben am Osterfeuer und rollten sie funkensprühend den Berg hinab, so daß der Segen des Feuers über Feld und Flur verteilt wurde. Auch das Feuer im heimischen Herd entfachten sie mit der Glut des Osterfeuers neu.

Da so manches Haus, so manches Waldstück durch die Osterfeuer in Brand geriet, wurden sie verboten. In einem Verbot, das der Mainzer Kurfürst 1714 bei einer Strafe von zehn Gulden erließ, hieß es zur Begründung, daß mit dem Brauch *„allerhand Unfug, Mutwillen, Ärgernis, als Zank und Streit und Schlägereien, Beschädigung der Wälder, Verbrennung der Zäune"* angestellt worden sei.

Das andere Element, das bei den Osterbräuchen eine Rolle spielte, war das Wasser. Vor Sonnenaufgang mußte das *Oster- oder Lebenswasser* von Mädchen und jungen Frauen aus dem Bach geschöpft werden. Dann durften sie es nicht über den Kreuzweg tragen und auch nicht beim Gehen sprechen, weil es sonst zu *„Plapperwasser"* wurde und nichts mehr half. Manche breiteten auch Tücher auf den Wiesen aus und fingen in ihnen den *Ostertau* ein. Er sollte wie das Lebenswasser Schönheit und Fruchtbarkeit bringen oder erhalten. In der Gegend um Eisenach nannte man das Wasser übrigens früher „Ostertau".

Heute gibt es so viele schöne Mädchen in Thüringen, die es gar nicht nötig haben, vor Tau und Tag Wasser zu schöpfen. Zudem sind die meisten Bäche auch nicht mehr so klar und silberhell wie zu den Zeiten, „wo das Wünschen noch geholfen hat". Weil viele Hänge im Lande längst mit Zäunen und Privatwegen zugesperrt sind, wagt auch niemand mehr, ein flammenloderndes Osterrad ins Tal zu rollen. Und so blieben die großen, mit den Elementen Feuer und Wasser verbundenen Bräuche zum Osterfest hierzulande leider kaum noch erhalten.

Ostern, das wandelnde Fest

Wenn wir auf den Kalender schauen, dann ist uns kaum bewußt, mit welchen Schwierigkeiten die „Feiertagsfestleger" zu kämpfen haben. Ganz besonders schlimm ist es mit dem Osterfest. Da raufen sich die Kalendermacher schon seit etwa eintausendsechshundertsechzig Jahren die Haare und liegen sich in denselben. Es ist im wahrsten Sinne des Wortes „verrückt": Wie ein vom Winter übriggebliebenes Eisstück glitscht das Datum für das Osterfest zwischen dem 22. März und dem 25. April hin und her!

Die Regeln für die Berechnung des Osterfestes, die noch heute gelten,

Am Hang inmitten von Buschwindröschen bei Goethes Gartenhaus.

legte nämlich im Jahre 325 das große Kirchenkonzil von Nicäa fest. Nach gründlicher Überlegung kamen die Kalendermacher zu dem Schluß:

Ostern sollte am Sonntag sein. Im übrigen folgten sie dem jüdischen Festkalender, der für das Passah-Fest den ersten Frühlingsvollmond nennt. Demnach feiert man nun Ostern stets am ersten Sonntag nach dem Frühlingsvollmond.

Auch wenn wir längst das Jahr nach dem Lauf der Erde um die Sonne geordnet haben, so gibt es doch sehr alte Feste wie Ostern, die noch immer nach dem Mondkalender berechnet werden, der in allen Kulturen die ältesten Festdaten bestimmte.

So wird erklärbar, wieso das Osterdatum in einem Zeitraum von 35 Tagen schwankt. Und das Pfingstfest, das mit einer Kette von 50 Tagen an Ostern gewissermaßen „angehängt" wird, schwankt ebenso und geht halt auch „nach dem Mond".

Dingelstädt:
Das Steckenpferdreiten

Am Ostermontag nachmittag sind in Dingelstädts Straßen und Gassen Kindergeplapper und das Klingeln von Glöckchen zu hören. Mit ihren Eltern, Geschwistern, Onkeln und Tanten ziehen die Kleinen zur Kirche „Maria im Busch". Auf den Rücken tragen sie Körbchen, die mit farbigen Papieren beklebt oder mit Ostermalerei verziert sind. Und vor sich haben die Kinder richtige Steckenpferde mit langem Stiel und Pferdekopf. Einigen sieht man an, daß sie von den Großeltern oder den Urgroßeltern stammen. Sie wurden mit Stoff oder mit Leder beklebt. Andere Stekkenpferde sind ganz aus Holz geschnitzt und bemalt; an manchen hängen Bänder oder Glöckchen.

Nachdem der Pfarrer zur Gemeinde gesprochen hat, beginnt der große Ritt rund um die Kirche. Die Erwachsenen bilden Spalier und legen Süßigkeiten in die Körbe der Kinder, die immer wieder die Marienkirche auf ihren Steckenpferden umrunden, bis die Beutel der spendablen Zuschauer leer sind.

Dieser Brauch geht auf die mittelalterlichen Flurumritte zurück. Früher schwangen sich die Bauern im Eichsfeld am Ostermontag auf die Pferde und ritten um ihre Felder und Wiesen. Dabei steckten sie die Gemarkungen ab, sahen nach dem rechten und legten fest, welche Arbeiten zuerst in Angriff genommen werden mußten. Weil es während der Flurumritte gelegentlich zu Auseinandersetzungen und Handgreiflichkeiten zwischen den Bauern kam, wurden sie 1669 vom Mainzer Fürstbischof verboten. Doch die pfiffigen Dingelstädter dachten nicht daran, auf ihren lieb gewordenen Brauch zu verzichten. Trotzig schnitzten sie ihren Kindern Steckenpferde, auf denen die Kleinen am Ostermontag rund um die Marienkirche ritten.

Eine alte Sage erzählt von einem schwedischen Reiter, der im Dreißigjährigen Krieg die Wallfahrtskirche plündern wollte. Vor dem Gotteshaus bäumte sich aber sein Pferd kerzengerade in die Höhe und wollte den Offizier abwerfen. Das Roß war nicht mehr zu bändigen. Es schlug nach allen Seiten aus. Dabei lösten sich plötzlich drei Hufeisen und flogen mit solcher Wucht gegen die Kirchentür, daß sie in deren Holz hängenblieben. Erschrocken wendete der Reiter, da trottete das Pferd ruhig davon, als sei nichts geschehen.

Die Hufeisen sollen sich noch bis zum großen Brand im Jahre 1838 an der Kirchentür befunden haben. Es heißt, aus Dankbarkeit über die Rettung des Gotteshauses würden die Kinder alljährlich auf Steckenpferden rund um die Kir-

Das Steckenpferdreiten um die Kirche ist in Dingelstädt ein Osterbrauch.

Seit 1669 wurden die traditionellen Flurumritte der Bauern durch das Steckenpferdreiten der Kinder ersetzt.

che reiten. Eine andere Sage hingegen berichtet, daß die Dingelstädter Bauern ihre Pferde in den Pestjahren um die Kirche führten, um sie vor Krankheiten zu schützen.

Marienbild bei der Dingelstädter Kirche „Maria im Busch".

Walpurgisnacht

Die Hexen zu dem Brocken ziehn,
Die Stoppel ist gelb, die Saat ist grün.
Dort sammelt sich der große Hauf,
Herr Urian sitzt oben auf.

Johann Wolfgang Goethe, Faust I

Walpurgisfest bei Kahla:
Hexentanz auf der Leuchtenburg

Seite 50: Blick von der Leuchtenburg bei Kahla.

Seiten 51, 52 und 53: Walpurgisfest auf der Leuchtenburg: mit Gauklern und Musikanten ...,
... mit Rittersleuten und einem Humpen Bier.

Sie entsteigen Blechkarossen des 20. Jahrhunderts – die Hexen und Ritter, Burgfräuleins und Gaukler, Handwerksburschen und Knechte, die das mittelalterliche Spektakel auf der Leuchtenburg gestalten. Schließlich wollen die Gäste, die aus nah und fern nach Kahla anreisen, wenigstens ein, zwei Mal im Jahr etwas nostalgisch „Echtes" erleben: zum Maienmarkt etwa oder in der Walpurgisnacht, bei einer mittelalterlichen Hochzeitsfeier oder einer ritterlichen Tafelrunde. Zu solchen Anlässen genügt nicht bloß der Schmaus einer deftig zischenden Thüringer Rostbratwurst. Ein wahres Festgelage von der Burgschenke muß her, zum Beispiel mit Spanferkel oder gebratenem Wildbret, einem gefüllten Humpen und einem Krug vom Saale-Unstrut-Wein. Wenn dann noch die Komödianten kommen und die Musikanten zur Kurzweil aufspielen, die Hexen tanzen und man beim Markttreiben einer Korbmacherin, einem Töpfergesellen oder dem Schmied bei der Arbeit zuschauen kann, dann ist die Illusion perfekt. Wo erlebt man das noch: mittelalterliche Gastlichkeit, Musik und Mummenschanz! Alles soll „echt" wirken, vom Kostüm bis zum Nachtlager auf Stroh, so echt wie die aus dem

Schmiede und viele andere mittelalterliche Zünfte gibt es beim Walpurgisfest zu sehen.

13. Jahrhundert stammende und im 19. Jahrhundert mehrfach stark umgebaute Veste.

Die Leuchtenburg ist mit ihrem spätromanischen Bergfried auf dem bald vierhundert Meter hohen Gebirgskegel weithin sichtbar. Die Bier-, Burgen- und auch die Porzellanstraße führen zu ihr. Sie geht auf eine Gründung der Herren von Lobdeburg zurück und erhielt im 15. und 16. Jahrhundert vier mächtige Wehrtürme und Schießscharten. Als der Schutz gegen Feinde nicht mehr so erforderlich war, dienten die massiven Burgmauern der Bewachung seiner Insassen. Ab 1727 nämlich quartierte man hier Zuchthäusler ein. Aus dieser Zeit stammt auch das Herrenhaus. 1872 schließlich löste man das Gefängnis auf der Leuchtenburg auf und befaßte sich mit der Erneuerung des Bauwerks. Zu Beginn des 20. Jahrhunderts zogen dann die sangesfreudigen Mädchen und Jungen der Wandervogelbewegung auf die Burg, in der man 1919 eine Jugendherberge eingerichtet hatte. Auch heute wieder und besonders zu Walpurgis ist die Leuchtenburg Ausflugsziel zahlloser Studenten, wenn die Saat in der Orlasenke grünt und der Flieder duftet. Dann zieht der Frühling viel junges Volk in den

Und natürlich locken auch die Thüringer Kuchen.

Burghof, wo man den Dudelsack spielt oder die Blockflöte bläst, wo Weber, Holzschnitzer und Töpfer ihren Krimskrams verkaufen und ein Schmied hin und wieder kräftig auf den Amboß schlägt, um ein paar Hufnägel zu richten. Dort oben können die neugierigen Gäste Ritterturnieren beiwohnen, einem Stadtschreiber über die Schulter blicken oder auch einem Bauernmädchen zuschauen, das an einem Schafwollfaden die Spindel tanzen läßt.

Bevor man gemütlich am Abend ums Walpurgisfeuer zusammensitzt, sollte man jedoch nicht vergessen, das Heimatmuseum zu besuchen. Es vermittelt viel Wissenswertes zur Burg- und Jagdgeschichte, zum Kahlaer Porzellan sowie zum Weinanbau an den nahen Saalehängen. Und wer Durst hat, kann den Rebensaft in der Burgschenke auch gleich ausprobieren. Sollte er dann noch zu Walpurgis – so gegen Mitternacht – nach solch fröhlicher Feier am Lagerfeuer von den Zinnen der Leuchtenburg ins Land blicken, sieht er vielleicht sogar, wie die hübschen Hexen mit wehenden Haaren auf ihren Besen davonfliegen. Oder betätigen sie doch nur bei ihrer Rückkehr den Zündschlüssel?

Walpurgisnacht

Die Nacht zum ersten Mai ist die Walpurgisnacht. In ihr schwingen sich die Hexen in die Luft und reiten auf Besenstielen, Ofengabeln, Feuerzangen, Dreschflegeln, auf Ziegen und Böcken über Täler und Bergeshöh'n. Punkt Mitternacht finden sie sich auf dem Blocksberg ein. In Thüringen liegt ihr Hexentanzplatz auf dem Inselsberg, auch auf den Hörselbergen bei Eisenach halten sie ihren Hexensabbat ab. Dabei schlachten sie einen Menschen oder ein Pferd und essen das Fleisch; am liebsten mögen sie Herzen, so wird erzählt. Unter höllischem Gelächter speisen, trinken, tanzen und singen sie auf dem hochgelegenen Platz, während unten im Tal die Nebel dampfen und die Waldtiere zitternd in ihren Verstecken kauern. Ihr Hexengesang klingt so schauerlich, daß man meint, der Sturm heule über die Tannenwipfel.

„Bruklaz", Brockelsberge, hießen die steil aufragenden, wie abgebrochen wirkenden Felsen. Der berühmteste steht auf dem Brocken im Harz, wo man schon Anno 1438 Hexen tanzen sah, was sich noch immer gut den Touristen erzählen läßt. Heute bestreitet kaum jemand, daß die Heiden in grauer Vorzeit auf den Bergeshöhen ihre Kultstätten hatten, auf denen sie ihre Opferfeiern zelebrierten. Dies wollte man ihnen gründlich verderben, indem man schauerliche Hexengeschichten erfand. So meinten die Heilsbringer im Mittelalter, die Hexen würden ihre Körper mit einer ganz bestimmten Salbe bestreichen, wodurch sie sich in die Lüfte erheben könnten. Neun Zutaten seien dazu nötig, unter anderem Eisenhut, Ruß, Wolfskraut und – Kinderfett. Hexen wurden früher zu Sündenböcken für alles Böse, für Kriege, Not und Tod. Sie waren verantwortlich für die Verbreitung von Seuchen und machten das Wetter. Hexen kochen Hagel, hieß es in der Schweiz, wenn ein Unwetter die Ernte zerstörte. Neun Steine brauchen sie, um ein Unwetter zu beschwören, aus neun Kräutern mixen sie ihre Zaubermittel. Katzen werden zu Hexen im neunten Jahr. Es heißt, man erkennt sie an den zusammengewachsenen Augenbrauen.

Einst verwandelte sich eine Frau in eine Hexe, schlich sich zur Walpurgisnacht ins Schlafgemach und warf dem Mann das Zaumzeug über den Kopf, da wurde er ein Pferd. Sie sprang auf und ritt rücklings zum Blocksberg. Dort feierte sie, bis der Hahn krähte. Auf dem Rückweg tränkte die Hexe ihr Reittier, und weil sie wohl zuviel getrunken hatte, fiel sie herab vom Pferd. Da verwandelte es sich wieder zurück in einen Menschen. Geistesgegenwärtig preßte der Ehemann ihr daraufhin den Zaum über den Kopf. Sie wurde eine Stute, wieherte und stampfte mit den Hinterbeinen. Als er bei einem Schmied vorbeikam, ließ er ihre Hufe beschlagen, so sehr sie auch jammerte. Am Morgen wollte die Frau nicht aus dem Bett. Er zog ihr die Decke weg: An ihren Händen und Füßen klebten vier nagelneue Hufeisen! So kann's geschehen zur Walpurgisnacht.

Wie bei Dornröschen, als sei die Zeit stehengeblieben.

Links: Thüringer Land.

Pfingstbräuche

Pfingsten, das liebliche Fest, war gekommen;
Es grünten und blühten Feld und Wald;
Auf Hügeln und Höhn, in Büschen und Hecken
Übten ein fröhliches Lied die neuermunterten Vögel;
Jede Wiese sproßte von Blumen in duftenden Gründen,
Festlich heiter glänzte der Himmel und farbig die Erde.

Johann Wolfgang Goethe, Reineke Fuchs

In Thüringen vielgestaltig:
Pfingstbräuche

Von Maiengrün und von anderen Pfingstbräuchen

Sieben mal sieben Tage nach Ostern, auf dem Höhepunkt des Frühlings, feiern wir das „liebliche Fest", wenn Birken und Buchen die sattgrünen Zweige ins Himmelsblau strecken. Bienen summen, Käfer krabbeln durch Gras und Klee, und die Schmetterlinge taumeln in all dem Duft – wer das Glück hat, im gleichen Rhythmus mit der Natur zu leben, ahnt zum Pfingstfest schon den Sommer, die Zeit der Reife. Der Winter ist weit.

Früher schmückten die Burschen mit Birkenbäumchen die Haustür der Liebsten. Viele Häuser waren in Thüringens Dörfern so mit „Maien" verziert, wie man die frisch geschlagenen Bäume und grünen Zweige nannte.

„Ich ging ein Mai zu hauen", heißt es im Lied, das heute wohl kaum noch ein junger Mann kennt. Wie auch den Maientanz, zu dem die Musikanten auf dem Dorfanger aufspielten, worauf sich unsere Großeltern und Urgroßeltern lange vorher gefreut hatten, weil sie nicht jeden Abend, wenn ihnen gerade mal so war, in die Disko gehen konnten.

Die Gewohnheit, Haus und Hof mit grünen Maien zu schmücken, reicht weit zurück und war einst mit der Bitte um Fruchtbarkeit, um Wachsen und Gedeihen verbunden. Für die Germanen, die den Kampf zwischen Winter und Sommer als einen Streit der Götter empfanden, war die Birke ein heiliger Baum. Um Wotan günstig zu stimmen, opferten sie dem Göttervater im Frühjahr den wertvollsten Ochsen, den sie zuvor festlich mit Birkenreisern geschmückt hatten. Auch die Israeliten brachten ihrem Gott Jahve ein Speiseopfer am 50. Tag nach dem Osterfest. Sie spendeten ihm Weizen zum Erntedank. Pfingsten stammt von dem griechischen Wort „Pentekoste" ab und bedeutet 50.

Die Christen feiern die Ausgießung des heiligen Geistes über die Jünger Jesu, die an diesem Tag versammelt waren, als folgendes Wunder geschah: Auf einmal, so steht es in der Bibel, *„erschienen ihnen Zungen, welche sich verteilten, wie von Feuer, und es setzte sich auf jeden einzelnen von ihnen, und sie wurden alle erfüllt mit Heiligem Geist und fingen an zu reden in anderen Sprachen, gleichwie der Geist ihnen verlieh auszusprechen."*

Zum Heiligengeistfest werden heute in Thüringen die Brunnen gereinigt und mit grünen Zweigen, auch mit Eierketten verziert. Vielerorts sind mit bunten Bändern geschmückte Maibäume zu sehen, und in einigen Dörfern macht noch immer der Laubmann oder Lattichkönig, ganz in Buchenblätter eingehüllt, seine Heischegänge von Haus zu Haus, wie wir noch sehen werden.

Heut ist das schöne Pfingstenfest,
Da sich der Laubmann sehen läßt.
Wer was geben will aus gutem Willen,
Der läßt sein'n Wunsch von ihm erfüllen.
Vivat! Hoch! Tanz einmal.

*Seite 58: Pfingstidylle
bei Wilhelmsdorf am Hohenwartestausee.*

*Seite 59: Der Gans-Brunnen
in Stepfershausen in der thüringischen Rhön.*

Brunnenfeste

In Neustadt an der Orla wird das historische Brunnenfest, das man hier Bornquas oder Pfingstquas nennt, mit Szenen aus der Stadtgeschichte eröffnet. Man erfährt, daß die zwölf öffentlichen Brunnen mehrmals gereinigt wurden, um der Seuchengefahr vorzubeugen. So war es selbstverständlich, im Frühjahr die Tröge und Laufbrunnen zu säubern. Damit alles seine Ordnung hatte, wurde im Mittelalter ein Brunnenmeister oder Brunnenschulze gewählt, der dafür verantwortlich war. Als Zeichen seiner Amtsernennung soll er symbolisch eine Brezel erhalten haben. In Friedrichstanneck, wo ein Brunnen steht, der 1793 errichtet wurde, wie auch in Schmerbach, um nur einige Orte zu nennen, schmückt man die Brunnen nach der Reinigung mit Blumen und Birken und behängt sie mit bunten Eierketten. Dabei bittet man um klares Wasser und darum, daß der Brunnen nie versiegen möge.

Bereits vor der Reformation wurde das Brunnenfest an der Popperöder Quelle bei Mühlhausen gefei-

*Mit Blumen
werden die Brunnen geschmückt.*

In Stepfershausen (Rhön) gibt es 13 verschiedene Brunnen.

Seite 63 links: Zum Festumzug schlüpfen sogar die Kinder in Trachten.

Seite 63 oben rechts: Selbst die Bierkutscher-Pferde tragen zu diesem Ereignis Schmuck.

ert. Im Jahre 1614 ließ sie Bürgermeister Gregorius Fleischhauer mit Steinstufen einfassen. Daneben wurde ein fünftürmiges Lusthaus mit hallenartigem Unterbau errichtet. Hierher zogen und ziehen jährlich im Frühsommer Mädchen und Jungen. Die Mädchen trugen früher weiße Kleider mit blauen Schleifen und hatten Blumenkränze im Haar. Sie warfen Blumen in das mit Girlanden, Fichten und Maien geschmückte Bassin, bis die Wasseroberfläche ganz davon bedeckt war. Diese Blumenspenden sind

*Bild rechts unten:
Geschmückter Brunnen in
Stepfershausen.*

noch ein freundlicher, poetischer Nachklang der einstigen Quellopfer.

Es fällt uns schwer, daran zu glauben, doch es war so: Menschen, die lange Zeit vor uns hier lebten, brachten ihrer Gottheit neben Tieropfern auch Menschenopfer dar. Allerdings nicht aus der Lust am Töten, sondern aus der gleichen gläubigen Hingabe und mit der Unbedingtheit, mit der auch Abraham bereit war, seinen Sohn Isaak zu opfern. Totenopfer an

Das Brunnenhaus zur Popperöder Quelle in Mühlhausen.

*Seite 65:
Die Popperöder Quelle als Brunnenspiegel.*

Quellen hatte übrigens Papst Gregor im Jahre 731 verboten. In manchem Märchen ist noch etwas von der damaligen Gedankenwelt aufgehoben; etwa die Vorstellung, daß man ins Reich der Frau Holle kommt, wenn man in den Brunnen springt oder daß dem Drachen, der alles zu vernichten drohte, das Liebste geopfert werden sollte. Viel ist von Schätzen zu lesen, die in Brunnen, Flüsse oder ins Meer versenkt wurden. Von alledem sind in der Popperöder Quelle die Blumen übriggeblieben.

Laubmann, Gras- oder Lattichkönig

Am Pfingstmontag gegen acht Uhr morgens ziehen in Schmerbach die Jungen und Mädchen, die in diesem Jahr konfirmiert werden, hinaus in den Wald.
Dort schmücken sie einen Jungen mit Buchenlaub. Sie decken ihn über und über mit Buchengrün zu und befestigen die Zweige so geschickt, daß aus ihm ein richtiger „Laubmann" wird. Nur vor den Augen läßt man schmale Sehschlitze frei. Dann kriegt er noch einen Strick um den Hals und wird zurück ins Dorf geführt. Dort folgen Heischegänge von Haus zu Haus. Anschließend werden die Gaben aufgeteilt.

Auf den Ursprung dieses Brauches weist noch der Name hin, den man dem Laubmann in Oberdorla oder in Langula bei Mühlhausen gab: *Schoßmeier*. Schoß bedeutet so viel wie Gabe oder Abgabe, und der Maier, das war der Verwalter, der die Abgaben entgegennahm.
Laubmännchenfeste werden in Thüringen von Pfingsten bis zum Johannistag gefeiert. In Mönchenholzhausen zwischen Erfurt und Weimar feiert man den Grasekönig. Alljährlich zu Johannis biegen die Kinder Weidenruten zu einem glockenförmigen Gerüst, das mit Laub umkleidet wird. Auf dem Kopf trägt der Grasekönig eine Blumenkrone. Während er abends von Haus zu Haus durch's Dorf geführt wird, singen die Kinder:

> *„Ich bin der kleine König,*
> *gebt mir nicht zu wenig.*
> *Laßt mich nicht zu lange stehn,*
> *ich muß ein Häuschen weiter gehn."*

Und jedermann greift in die Tasche und gibt etwas; meist ist es heutzutage Geld. Den Kindern ist es recht. Sie kaufen sich davon Gummibärchen und Cola, Schokolade oder Kaugummi. Der Graskönig aber wird zuletzt in den Bach gestürzt. In Ruhla übergoß man einst den Laubmann mit Wasser.

Kaum jemand weiß, daß auch dieser Brauch aus dunkler Vorzeit herrührt und mit einem Menschenopfer verbunden war. Ein mit Laub bekränzter Junge oder ein mit Birkengrün geschmücktes Mädchen wurde tatsächlich im Frühling ins Wasser geworfen und ertränkt.
Von dem Opfer versprachen sich unsere heidnischen Vorfahren ein fruchtbares Jahr. Und zu dem Fest wurden ringsum Gaben eingesammelt, woran noch heute die Heischegänge erinnern. Dann wurde gegessen, getrunken und getanzt. Am Maimorgen zog man in den Wald, um den Sommer einzuholen. Dabei wählte sich der „Maikönig" seine Königin. Mit Blättern und Blumen geschmückt, zog das Paar durchs Dorf, wo es jubelnd empfangen wurde.

Kaltennordheim:
Der Heiratsmarkt

Wie sollte man auch einen Partner kennenlernen, wenn man nicht aus dem Dorf herauskam und sich vom Morgen bis zum Abend zwischen Stall, Feld, Weide und Hof aufhielt?

Großmutter meinte dazu: *„Heirat' übern Mist, da weißt du, wen du kriegst."*

Aber die Eltern waren damit nicht einverstanden und wollten den Kreis der Möglichkeiten wenigstens *etwas* erweitern. Also fuhr man zum Heiratsmarkt nach Kaltennordheim. Das war kein Markt, auf dem die jungen Mädchen statt der Kartoffeln, Möhren oder Blumen auf den Bänken herumstanden und darauf warteten, daß ein Prinz vorbeikam, der sie in einer Kutsche heimführte. In Kaltennordheim gab's Blumen, Möhren, Kartoffeln und einiges andere mehr wie auf anderen Märkten, und es wurde auch eingekauft wie anderswo, aber das galt als Nebensache. Die Hauptsache war: Die Bauern aus der Umgebung hatten ihre heiratsfähigen Söhne und Töchter dabei. Und während die Alten über den letzten Hagelschlag lamentierten und mit diesem und jenem über dies und das ins Gespräch kamen, stand der Nachwuchs meist ein wenig verlegen dabei und redete über das Wetter oder über die Schafe, um nur so ein Beispiel zu geben. Manchmal „funkte" es halt von allein. Meist aber ging es darum, daß die Eltern „handelseinig" wurden und die unerfahrene Nase des Sohnes der einen mit der unerfahrenen Nase der Tochter der anderen Familie aufeinanderstießen.

Es ist doppelt bequem und äußerst vorteilhaft, wenn man sich den Partner so von den Eltern aussuchen läßt. Die Alten stellen nämlich erstens die wichtigen praktischen Fragen gleich, auf die ein junges Paar erst nach der Liebeserfüllung kommt. Und sollte zweitens die Liebe im Alltag auf der Strecke bleiben, gibt man den Alten dafür die Schuld.

Der Heiratsmarkt in Kaltennordheim ist seit 1562 belegt. Es gibt ihn noch heute. Und falls jemand einen zupackenden jungen Mann oder eine junge Frau mit soundsoviel Hektar Land, soundsovielen Pferden, Kühen und Schafen, mit einem Fachwerkbauernhof sucht, in dem noch die Eltern und Großeltern wohnen, dann könnte es sein, daß er in Kaltennordheim auf dem Heiratsmarkt richtig ist. Und wer schon die, beziehungsweise den Richtige(n) gefunden hat, der könnte dann zu Pfingsten ein anderes der zahlreichen Feste in Thüringen besuchen.

Bild oben: Den Schloßhof von Kaltennordheim schmückt eine uralte Linde.

Bad Klosterlausnitz: Das Maibaumsetzen

Am zweiten Pfingsttag ziehen in der zeitigen Frühe die Musikanten durch Bad Klosterlausnitz im Holzland bei Gera und blasen aus Leibeskräften, daß auch der hartnäckigste Schläfer aus dem Bett fällt. Gegen sieben Uhr findet man sich auf dem Marktplatz ein, wo schon die mit Birken geschmückten Fuhrwerke stehen. Auch die Kutsche für den Vorstand fehlt nicht, ebensowenig wie der Wagen für das Bier und die anderen für den Baumtransport sowie für die Scherenstangen. Was Scherenstangen sind, „kriejen wir später". Erst einmal fahren wir mit hinaus ins Tautenhainer Revier, dorthin, wo die schönsten und größten Fichten vom ganzen Holzland stehen. Der Förster hat einen über 30 Meter langen Baum längst schon ausgesucht. Geschält liegt der mächtige Stamm im Unterholz. Und während die Musikanten spielen, wird der Baum mit Pferde- und Männerkraft herausgezogen und aufgeladen. So geht's zurück auf den Markt, wo noch der alte Baum steht, um den es eine Ehrenrunde gibt. Dies kommt ihm zu, denn er hat ein Jahr in Wind und Wetter durchgehalten.

Frisch gesetzt wurde dieser Maibaum vor das Rathaus von Leutenberg.

Nachmittags gegen drei bevölkert sich der Marktplatz, wo die alte Fichte unterdessen umgelegt worden ist. Jetzt geht's ans Setzen des neuen Baumes. Dabei hat der Richtmeister das Sagen. Auf ihm ruht die Veranwortung. Nach seiner Anleitung verrichten die Maibaumsetzer ihr Werk. Dabei verwenden sie Leitern und eben diese Scherenstangen. Das sind über Kreuz zusammengeknüpfte Fichtenstangen, mit denen die Männer den Riesenstamm Meter um Meter emporheben. Jeder kräftige Ruck wird von der Blaskapelle mit einem Tusch bedacht. Manchmal fängt sich einer von der Maibaumgesellschaft auch mal einen Zuschauer mit dem Lasso ein und schenkt ihm wieder die Freiheit, wenn er ein bißchen Lösegeld bezahlt hat.

Und so vergeht der Nachmittag, bis der Baum endlich in das Loch gerutscht ist, in dem er mit derben Knüppeln rund um den Stamm befestigt wird, bis ihm, so bleibt zu hoffen, auch ein Sturm nichts anhaben kann. Meist geht es gut, doch manchmal geschehen auch Mißgeschicke, wie man im Jahr 1913 in der Zeitung lesen konnte:

In dem Jahr hatten die Männer wohl zuviel Schwung. Als der Stamm schon ziemlich senkrecht

Auch in Rohrbach erwartet den Gast ein Maibaum.

stand, legten sich die Jungs offenbar zu sehr ins Zeug, auch schien das Fundament nicht ausreichend mit Stützholz versehen. Jedenfalls fiel der Stamm auf die entgegengesetzte Seite und sauste auf das Dach des Rathauses. Dabei brach der Gipfel (der sogenannte Strauß) ab und schlug in den Innenhof. Der starke Mast beschädigte das massive Rathausgebäude, wo er durch einen Erker gehalten wurde.

Es läßt sich denken, daß dieses Ereignis in den Kneipen und auf den Straßen des Holzlandes für angeregten Gesprächsstoff sorgte.

Diesmal aber steht der neue Maibaum fest, und an seiner Spitze flattern fröhlich bunte Bänder. Nun kann der alte nach dem Brauch versteigert werden. Auch andere Holzartikel, wie beispielsweise Rechen, Leitern oder Bänke, werden angeboten. Bratwurstduft steigt in die Nasen, und in die Ohren dringt Blasmusik.

*Der Frühling ist „Hoch-Zeit"
auch für Feste in der Effelder Tanzlinde.*

Flößerfest

Vor allem im Frühjahr waren auf den stärkeren Waldflüssen Thüringens die Rufe der Flößer zu hören, wenn sie auf schwankenden Stämmen leicht und scheinbar mühelos zu Tal fuhren. In rasanter Fahrt ging es unter überdachten Holzbrücken hindurch, vorbei an Strudeln und Felsen, die in den Fluß reichten, und weiter durch Dörfer und Städte bis zu den Holz-Stapelplätzen. Ein Hauch von Freiheit und Abenteuerlust hing den rauhen Männern an, die sich nach getaner Arbeit meist am Wirtshaustisch einfanden, wo sie von ihren Erlebnissen erzählten oder auch derbe Späße machten, bevor sie zu Fuß den Heimweg antraten. Dabei hingen sie die langen Lederstiefel über die Schultern, den drei bis vier Meter langen Floßhaken trugen sie wie einen Speer.

So konnte man sie schon im 13. Jahrhundert und noch in den ersten Jahrzehnten unseres Jahrhunderts an der Loquitz, der Schleuse, der Steinach, der Saale oder der Werra sehen. Kein Wunder also, daß sich die Enkel und Urenkel der letzten Saale- und Werraflößer auf diese Tradition besannen. Jedes zweite Jahr zu Pfingsten feiert die Gemeinde Uhlstädt an der Saale ihr Flößerfest. Dabei treiben die Männer vom Flößerverein Uhlstädt, Oberkrossen und Rückersdorf einen sehr großen Aufwand; sie müssen die Bäume erst kaufen und selbst fällen, bevor sie die Flöße zusammenstellen. Wer dabei zuschaut oder sich im Uhlstädter Flößermuseum umsieht, kann nachvollziehen, wie dies seit Jahrhunderten geschah.

Das Holz wurde im Winter geschlagen. Von den Hängen schlitterten die Stämme zu Tal und wurden mit Pferden zu den Lagerplätzen geschleift oder mit Schlitten ans Wasser gebracht. Bevor im Frühjahr das Flößen begann, war jeder Stamm an der Spitze mit dem Floßbohrer schräg durchbohrt worden. Durch die Bohrlöcher der nebeneinander gereihten Stämme wurden „Wieden" gezogen, die, mit hölzernen Dolchen verkeilt, die Stämme verbanden. *Wieden*, so ist zu erfahren, sind warmgemachte und dann um ihre Längsachse handgedrehte junge Fichtenstämmchen, die vor Gebrauch durch längeres Einweichen „gewierig" (bindefähig) gemacht wurden. Über die zusammengebundenen Stämme legen die Flößer „*Brangen*". Das sind Querhölzer, die ebenfalls mit *Wieden* festgebunden werden. *Wieden* verbinden auch die einzelnen Gelenke zu einem zwei- oder dreigelenkigen Floß. Nägel oder Krampen wurden früher nicht verwendet und werden auch heute nicht benutzt. Das Ruder, mit dem das Floß gesteuert wird, heißt „*Paatsche*" oder „*Patsche*". Zwei kurze Halbstämme mit Zwischenstück, auf dem die Patsche aufliegt und – richtig! – mit *Wieden* festgebunden wird, nennt man „*Küsel*" oder „*Kösel*" oder „*Kiesel*" oder „*Keesel*". Ja, und mitten auf dem Floß steht der „*Floßknecht*". Aber das ist gar kein richtiger Knecht, sondern ein hölzerner Pfahl, an den der Flößerrucksack aufgehängt wird. Vor Beginn der Fahrt wird das „*Fahrgeld*" überprüft, das jeder Flößer in seinem Rucksack oder Ranzen haben muß: eine Flasche Schnaps.

Nachdem das Tauwetter einsetzte, das Eis ächzte und riß und die Schollen flußabwärts trieben, wetteiferten die Flößer darum, welches Floß als erstes starten und die Saison eröffnen durfte. Denn auf ihm fuhr ein mit bunten Bändern geschmücktes Bäumchen mit. Und überall, wo die Flößer Station machten, da zogen sie mit dem Bäumchen von Haus zu Haus. Nach diesen Heischegängen löschten sie den Durst ihrer ausgetrockneten Flößerkehlen. So hatte am Ende der jeweilige Kneipenwirt seinen Gewinn.

Das Uhlstädter Flößerfest beginnt mit einem solchen Gang, bei dem die Flößer in ihren Trachten durch den Ort ziehen. Den Höhepunkt bildet eine Floßfahrt über das Uhlstädter Wehr. Tausende sehen zu, wie das Floß langsam auf die gefährliche Stelle zutreibt, umsichtig vom Mann an der Patsche

Flößerfest in Uhlstädt

Flößen auf der Saale erfordert besonderes Geschick.

Das Floß wird mit der Patsche gesteuert.

gesteuert. Sobald das Wehr erreicht ist, nimmt er das Ruder hoch, denn nun schießt das Gefährt steil hinab in den Strudel, in dem die Gischt aufschäumt. Die anderen „Gelenke" gleiten hinterher, und unter dem Beifall der Zuschauer zieht das Floß vorüber.

Insgesamt 39 solcher und mitunter noch weitaus gefährlichere Wehre mußten am Ober- und am Mittellauf der Saale überwunden werden. Geringe Schleusenbreiten oder enge Brückendurchfahrten verlangten den ganzen Mann, und manchmal geschah es auch, daß Flößer ertranken, worauf daheim in ihren Häusern mit der Trauer die Not Einzug hielt. Darum setzten die Frauen der Uhlstädter Flößer einst brennende Kerzen auf Holzbrettchen und trugen sie zu Wasser. Indem die Lichter den Fluß hinabschwammen und ihre Spiegelflämmchen im Fluß zitterten, wünschten sie inständig, ihre Männer gesund wiederzusehen.

Zum Uhlstädter Flößerfest stehen die Frauen in ihren Trachten am Ufer. Sie sehen beim Flößerwettsägen und beim traditionellen Holzkauf zu oder drehen sich mit ihren Männern zum abendlichen Flößertanz. Für Gäste, die sich gern selbst einmal auf die schwankenden Stämme begeben möchten, hat der Uhlstädter Flößerverein ein 17 Meter langes Floß gebaut, auf dem etwa 25 Personen Platz finden können. Zwei Außenbordmotoren ziehen es zunächst saaleaufwärts bis Weißen, dann gleitet das Floß gemächlich wieder zurück zum Ausgangspunkt.

Die Flößer waren früher mehrere Tage unterwegs. Vom Oberland bis nach Camburg und Kösen, wo die Stämme abgeliefert wurden, dauerte die Fahrt nach der Schneeschmelze etwa drei Tage; bei Niedrigwasser konnte schon mal eine Woche vergehen, bis sie am Zielort anlangten. Geflößte Stämme waren als Bauholz begehrt. Fachleute meinen, das Auslaugen verbessere die Qualität; das Holz werde durch das Flößen fester, es trockne auch schneller und sei weniger anfällig gegen Schädlinge. Wie stabil geflößte Hölzer sein können, beweisen die Deckenbalken der fünfstöckigen Kemenate von Orlamünde, die 800 Jahre alt sind.

Die ersten Belege für die Flößerei auf der Saale, dem Hauptfluß Thüringens, finden sich auf einer Urkunde aus dem Jahr 1258. Darin wird dem Kloster Weida durch die Grafen von Orlamünde die Genehmigung erteilt, an der Mühle bei Ziegenrück Floßholz zusammenzubinden. Noch früher, nämlich 1209, ist die Flößerei auf deutschen Flüssen nur auf dem Rhein nachweisbar. Wie Brückenrechnungen der Stadt Kahla belegen, passierten 1572 insgesamt 317 Langholzflöße den Ort, während 1850 sogar 3.400 gezählt wurden. Noch in den Zwanzigern unseres Jahrhunderts waren von Saaldorf bis Camburg 35 Wehre zu überwinden. Die Müller bekamen für das Öffnen der Fahrrinne ein Entgelt, die Städte und Gemeinden verlangten Brückenzoll. In Camburg oder Kösen sollen es bis zu 200 Flöße gewesen sein, deren Holz jeweils zu Johannis den Besitzer wechselte. Diese Holzmessen waren Volksfeste.

Als die Eisenbahn auch durch das Saaletal fuhr, ging die Flößerei zurück; nach dem Bau der Saaletalsperren mußte sie 1938 ganz eingestellt werden. Wer wissen will, wie es damals zuging und auch in unseren unromantischen Zeiten dabeisein möchte, kann die Enkel und Urenkel der letzten Saaleflößer alle zwei Jahre zu Pfingsten in Uhlstädt sehen – zum Flößerfest.

Beim Saalewehr von Uhlstädt wird's gefährlich.

MINISPRACHLEHRE

Die Flößer hatten ihre eigene Sprache, die noch heute vom Flößerverein gepflegt wird.
So war die *Brange* oder *Prange* ein Querholz, mit dem vorn und hinten die einzelnen Stämme eines Floßgelenks befestigt wurden.
Der *Riffel* oder *Rüffel*, ein zugespitzter Pfahl, war durch ein Seil mit dem Floß verbunden. Vom Ufer aus konnte der Flößer damit die Fahrt abbremsen.
Abklopfen hießen die Heischegänge nach der ersten Floßfahrt des Jahres, und wenn das Ende eines Stammes mit der Axt abgeschrägt wurde, dann nannte man dies *anschnautzen*.
Der *Bummler* war der zweite Mann auf dem Floßgelenk, als *Deistelbrot* galt die erste Mahlzeit nach der Ankunft in einer Flößergaststätte, und sein *Fahrgeld* hatte der Flößer stets dabei: die Schnapsflasche im Flößerrucksack.

FLÖSSERGESCHICHTEN

In Uhlstädt erzählt man sich noch heute eine durchaus glaubwürdige Geschichte über den Besuch des Herzogs Ernst von Sachsen-Altenburg. Nach der Darstellung von Hannes Rothen empfingen die Uhlstädter im Sommer 1913 Hoheit und Gemahlin herzlich mit Blumen und einem Begrüßungsgedicht. Da der Herzog mit seiner Gattin Floß fahren wollte, wurde der erfahrene Flößer Hermann Großmann ausersehen, das Floß mit den hohen Herrschaften zu steuern. Zuvor belehrten ihn Uhlstädts Honoratioren, daß er „*Eure Hoheit*" und „*Sie*" zu dem Herrscherpaar sagen sollte. Und so betrat die herzogliche Familie das schwankende Gefährt. Die Schulkinder warfen Blumen. Als das Floß davonglitt, kniete sich die Herzogin an der Spitze des Floßes im Bereich des Steuerruders nieder und beugte sich vor, um einige Blumen aus dem Wasser zu fischen. Dies gefiel dem 58jährigen Flößer Großmann, der schon manche gefährliche Situation erlebt hatte, ganz und gar nicht, und er reagierte so, wie er auch bei seinen Flößerkameraden reagiert hätte.
Er rief: „*Geh da vorne weg, Fräulein, sonst kriegste noch der Paatsche in der Frasse!*" Erschrocken erhob sich die Herzogin und begab sich auf den ihr zugewiesenen Platz.

Verse, Sprüche & Reime

Ist die Saale
schwach und kleine,
hat der Flößer
seine Not.

Ist sie groß,
so hat sie Beine
und macht manchen
Flößer tot.

(Flößerspruch)

Sommerfeste und Sommermärkte

*Es schienen so golden die Sterne,
Am Fenster ich einsam stand
Und hörte aus weiter Ferne
Ein Posthorn im stillen Land.
Das Herz mir im Leib entbrennte,
da hab ich mir heimlich gedacht:
Ach, wer da mitreisen könnte
In der prächtigen Sommernacht!*

Joseph von Eichendorff, Sehnsucht

Dornburg:
Wo man die Rosenkönigin krönt

Ende Juni, wenn die Rosen um Dornburg verführerisch duften, feiert man bei den drei Schlössern am Hang der Kalkfelsen alljährlich ein Fest. Dann wird die Rosenkönigin erwählt; und die so Gekrönte wird von ihrem Gefolge beim Eingang des Rokokoschlosses erwartet. Sobald die Türen aufgehen, geleitet sie der Bürgermeister zur blank geputzten, mit Rosen geschmückten Equipage, in der schon ein paar Blumenkinder sitzen. Der Kutscher im schwarzen Frack wartet geduldig, bis „Ihre Majestät" Platz genommen und das seidige Kleid mit den Rüschen und Röschen zurechtgezupft haben. Dann wird ihr der Korb mit den vielen Rosen gereicht, deren Blüten sie während der Fahrt an die „Untertanen" verteilt. Ein Kameraschwenk; fürs Fernsehen noch ein huldvolles Lächeln. Dann setzt sich nach dem Peitschenknall der ganze Umzug – mit der Rosenkönigin an der Spitze – in Bewegung.

Die Kulisse des Austragungsortes, die schon Johann Wolfgang Goethe pries, ist so hinreißend schön, daß es fast nebensächlich erscheinen mag, wann man mit der Feier des Rosenfestes eigentlich begann. Dennoch sind wir der Sache auf den Grund gegangen.

Wo man die Rosenkönigin krönt: in Dornburg

Seite 76: Sommerwiese mit Klatschmohn bei Kranichfeld.

Seite 77: Wassermühle in Freienorla.

Bild links: Empfang der Rosenkönigin mit Gefolge.

Bild unten: Im Renaissanceschloß von Dornburg bezog Goethe oft Quartier.

Bild rechts außen: Rosenspaliere beim Rokokoschloß.

Zum Festumzug sprengt eine couragierte Reiterin.

Zum Empfang ein Mozart-Menuett.

Huldvolles Winken der Rosenkönigin an die Menge.

Bild links außen: In der Kutsche warten die Blumenkinder mit ihrer Königin.

Diese Tradition geht auf den Geburtstag des Weimarer Großherzogs Karl August zurück. Gemeint ist nicht jener, der mit Goethe sehr eng befreundet war, sondern der gleichnamige Enkel desselben, der sich ab 1876 sein Wiegenfest von den Dorfschönen versüßen ließ. Alljährlich bekam er an seinem Ehrentage, am 24. Juni, von den jungen Landestöchtern je eine Rose überreicht. Daraus erwuchs das Kinder- und Rosenköniginnenfest, bei dem die Mädchen und Jungen von Dornburg vom Landesherren mit einer Brezel und einer Thüringer Bratwurst beschenkt wurden.

Seither wechselten gar oft die Zeiten, doch an der Feier hielten die Einwohner mit wenigen Unterbrechungen fest. Und so stehen in jedem Jahr aufs neue staunende Menschen am Straßenrand, wenn sich am Sonntag mittag der historische Festumzug vom ehemaligen Marstall durch ganz Dornburg wälzt und sich schließlich in der Nähe des Schießhausplatzes auflöst. Man ißt eine von den herzhaften Bratwürsten vom Rost, trinkt ein Bier oder ein Wasser gegen den Durst.

Anschließend könnte man noch durch die gepflegten Parkanlagen wandeln: vom Alten Schloß durch den Barockgarten, am Rosenspalier vorbei.
Dann sollten wir auch das Rokokoschloß genauer in Augenschein nehmen, von dem wir wissen, daß es eines der Glanzleistungen des Baumeisters Gottfried Heinrich Krohne aus dem Jahre 1740 ist.

Sodann geleitet uns der Laubengang zur nächsten Gartenanlage, an dessen südlichem Ende uns ein lateinischer Spruch über dem Eingangstor erwartet. Wir brauchen uns die Mühe einer Übersetzung gar nicht erst zu machen. Dies hat Geheimrat Goethe, der oft in Dornburg weilte, längst vor uns getan, als er ihn mit folgenden Zeilen übersetzte:
„Freudig trete ein und froh entferne dich wieder ..."
Eine schönere Einladung ist für den Besucher der Dornburger Schlösser wohl kaum vonnöten.

Auch der Herr Geheimrat hat sie gern und häufig angenommen und zog sich gerade in seinen letzten Lebensjahren oft in der eigens für ihn hergerichteten Bergstube dieses Renaissanceschlosses zurück. Nach dem Tode seines Gönners und Freundes, dem jüngeren Herzog Karl August, blieb Goethe gar mehrere Monate in Dornburg, um – wie er notierte – „das schmerzlich bewegte Innere zu verwinden" und durch „Fleiß und Zerstreuung" zu beschwichtigen. Der Dichter zeichnete in Dornburg viel und betrieb mannigfaltige botanische Studien. Oft stand er an den sonnigen Felsen, an denen die drei Schlösser wie Schwalbennester kleben, und weidete sich an dem herrlichen Weitblick über die Saale, die sich in Windungen durchs Tal schlängelt. Dabei beobachtete er das Wetter, den Weinanbau und erfreute sich später noch, als Achtzigjähriger, an den „feenhaft geschmückten Rosenlauben", wie er schreibt, um neuen Lebensmut zu schöpfen.

*Vom Ort des Rosen-
königinnenfestes hat
man diese Aussicht
auf das Saaletal.*

*Bild links:
Blick vom
Renaissanceschloß
zur grazileren
„Schloß-Nachbarin".*

*Bild links außen:
Üppig wachsen in den
Dornburger
Parkanlagen
nicht nur die Rosen.*

Bürgel: Der Töpfermarkt

König Drosselbart hätte sicher seine Freude an diesem Fest: Alljährlich am letzten Juniwochenende ist Töpfermarkt in Bürgel. Was für ein Klirren und Scheppern gäbe es, wenn er nach seiner Art auf dem Pferd in das Städtchen zwischen Jena und Eisenberg käme! Töpfer von nah und fern bieten hier ihre Waren feil. Ein Keramikstand neben dem anderen ist auf dem holprigen Kopfsteinpflaster der winkligen Gassen aufgebaut.

Die meisten Gäste kommen glücklicherweise nicht zu Pferde und schon gar nicht mit der Absicht des Märchenkönigs. Sie suchen Geschirr, und sie kaufen am häufigsten jenes in dem bekannten Bürgeler Blau mit den weißen Punkten, das heute noch in einigen Töpfereien des Ortes hergestellt wird. An mehreren Ständen stapeln sich die blau-weißen Vasen, Teller, Milchtöpfe, Salznäpfe, Mustöpfe, Obstschalen, Saftkrüge, Bierseidel, Likörflaschen und Becher, Windlichter und Blumenschalen. Daneben gibt es vielfältigste Keramik, unter anderem auch mehrfarbiges Steinzeug, das im Freifeuerofen gebrannt wurden.

Der Markt bietet überdies fast alles, was zum Töpferhandwerk gehört, von der Fachliteratur bis hin zu Werkzeugen, Töpferscheiben und Brennöfen. Und festlich-gesellig geht es auch zu: Dort steht man an nach dem Bürgeler Eis, hier kauft man Speckkuchen; es sind viele Stände aufgebaut, und der Bratwurstrost, der auf allen Volksfesten in Thüringen nicht fehlen darf, sorgt auch hier für den unverwechselbaren Duft.

Heute wird die schlichte blau-weiße Keramik in einem Atemzug mit Bürgel genannt, was freilich der langen Tradition des Töpferstädtchens nicht gerecht wird. In früheren Jahren wandte man den blauen Beguß sogar selten an, weil der Preis für das dazu nötige Kobaltoxid sehr hoch war. 1899 erst entschied sich das Fürstenhaus von Reuß-Schleiz-Greiz, jüngere und ältere Linie, gerade für dieses Muster und bestellte erhebliche Mengen davon. Dieser große Auftrag machte von sich reden und zog weitere Bestellungen nach sich. Das Dekor, das eine gewisse Heiterkeit ausstrahlt, gefiel. Die

Beim Töpfermarkt von Bürgel kann man das Handwerk live miterleben.

*In der Töpferwerkstatt:
Stilleben mit Kätzchen.*

weißen Punkte auf dem Blau stehen gut zu der gelben Grundfarbe des Scherbens. Es mochte schon ein frohes Bild ergeben haben, wenn ein solcher Leiterwagen mit Tongeschirr das Töpferstädtchen verließ. Außen war die weithin leuchtende „bunte Ware" angebracht – so fuhr man zu den Märkten.

Vor dem Großauftrag der Reußen-Familie verstand man unter Bürgeler Ware vor allem das Steinzeug mit der blauen Kobaltschürze. Innungs- und Handwerkerordnungen sorgten für strenge Maßstäbe, wobei aber auch das Wohl der Meister nicht vergessen wurde. Auf einer Urkunde von 1745 lesen wir: *„Wann bey diesem Handwerk ein Lehr Junge aufgedinget wird, so soll derselbe dem Handwerk in die Lade einen Gulden nebst einem Zinnernen Teller 1 Pfund schwer, denen Meistern aber zu einer Ergötzlichkeit eine Tonne Bier, weiter aber nichts, geben, und drey Jahr lernen..."*

Man wird es kaum für möglich halten, daß sich über die Jahrhunderte durchschnittlich vierzig bis fünfzig Töpfereien in dem kleinen Städtchen behaupten konnten. Sie stellten vor allem Waren für den täglichen Gebrauch her Schüsseln und Töpfe in allen Größen, Kannen und Kuchenäsche, Kaffeeflaschen und Henkeltöpfe zum Essentragen, auch Spielzeug und vieles mehr. Vorwiegend wurde für die Landbevölkerung gearbeitet. Dabei richtete sich der Absatz auch nach den Launen der Natur und den Gepflogenheiten des ländlichen Lebens. Hingen im Herbst zum Beispiel die Zwetschgenbäume voller Früchte, wurden viele Mustöpfe gebraucht

War die Zeit für die Schlachtfeste heran, verlangte man häufiger als sonst Fettöpfe.

Bürgeler Töpfer hatten bei harter Arbeit nur ein bescheidenes Auskommen. Arbeits- und Familienleben waren kaum voneinander getrennt. Nicht allein die Frauen, auch die Kinder waren mit der Dekorierung der Gefäße beschäftigt. Sie tauchten die getrockneten Erzeugnisse in fein geschlämmte farbige Tone und bildeten mit dem Malhorn Ornamente. Dabei ergab sich das Punktdekor von selbst, wenn man die Engobe aus dem Malhorn tropfen ließ. Abschließend wurde die sogenannte bunte Ware mit einer transparenten Glasur überzogen und gebrannt. Diese patriarchalischen Familienbetriebe, die in unveränderter Struktur über lange Zeiträume bestehen konnten, führten am Ende des 19. Jahrhunderts einen aussichtslosen Kampf gegen die Industrie, die mit serienmäßig gefertigtem billigem Gebrauchsgeschirr aus Steingut, Eisen oder Blech den Markt überschwemmte. Nun unterboten sich die Bürgeler und die anderen Töpfereien im Preis, doch der Niedergang war nicht mehr aufzuhalten. Von einst vierzig bis fünfzig Töpfereien waren 1914 gerade noch neun Geschirrtöpfereien übriggeblieben. Heute sieht es kaum besser um das Kunsthandwerk im Ort aus.

Bürgeler blau-weiße Keramik hat den Ort bekannt gemacht.

In einer alten Töpferwerkstatt

Wir haben uns von dem Festtrubel entfernt, denn abseits, in einer stillen Nebenstraße, steht eine Töpferwerkstatt, die wir uns anschauen wollen. Das Haus ist ein alter Fachwerkbau, ein wenig zur Seite geneigt. Wie viele Füße mögen für die kleine Vertiefung im Türstein gesorgt haben? Hier in der Werkstatt, in die wir nun eintreten, werden Gefäße gefertigt wie in alter Zeit.

Blaudruck und Bürgeler „Blau-Weiß".

Vorn auf dem Tisch stehen Krüge und Vasen, Mustöpfe und Essigflaschen, Fettnäpfchen und bauchige Kannen – weiche, weiblich anmutende Formen. Dies hier ist die „*warme Liese*", dort hinten steht die „*dicke Buschendorfern*" – resolute Marktfrauen; sie haben die Hände in die Hüften gestemmt und erwecken in uns die Erinnerung an einen dämmrigen Keller, den es in unserer Kindheit gab: Unten auf dem Regal standen die Töpfe aus Ton, mit weißen Tüchern bedeckt. Wenn Mutter die Schnur löste, roch es noch stärker nach Dill und nach anderen Gewürzen. Wir nahmen eine Gurke heraus oder tauchten den Finger in den kleineren Topf mit dem Zwetschgenmus. Der war diesem ähnlich: erdig braun glasiert.

Während die Drehscheibe surrt, suchen wir zu ergründen, worin die merkwürdige Anziehungskraft einer Töpferwerkstatt liegt.

Ein junges Mädchen balanciert Gefäße auf einem Brett durch den Raum – wie der Bäcker seine Brote. Es hebt die wacklige Ladung hoch über den Kopf und stellt sie zum Trocknen auf den Schragen. Dann setzt sich die Töpferin wieder an ihren Arbeitsplatz. Sie teilt

Bild links: Traditionelle Bürgeler Keramik mit der „Blauen Schürze".

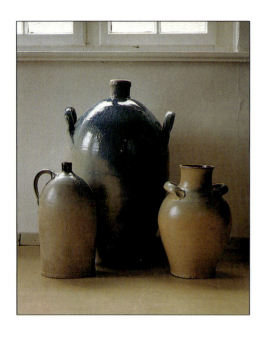

einen Tonklumpen ab und bringt ihn auf die Drehscheibe. Das Mädchen taucht die Hände in einen Wassertopf, beugt sich nach vorn und umschließt den rotierenden Kloß. Der Ton wird zentriert. Erst wenn er *„rund läuft"*, wird weiter geformt. Schließlich bohren sich die Daumen in die weiche, bildsame Materie und *„brechen"* sie auf. Von innen nach außen wird der Boden geformt. Eine Schale mit wulstigem Rand entsteht, aus der nun die Seitenwände wachsen. Mit dem Knöchel des Zeigefingers wird der Ton nach oben gezogen. Wie von selbst – so scheint es – steigt die Wandung zwischen den Händen empor. Wir stehen dabei und erleben jenes *„Wunder der Schöpfung"*, das in Töpferstuben tausendmal geschieht. Möglichst viel müssen die Hände nach oben bringen. *„Unten wie ein Mohnblatt – oben wie ein Wagenrad"* heißt eine alte Töpferregel.

„Es sieht leicht aus", sagen wir.

„Es ist leicht, wenn man's kann", erwidert sie. „Der Ton muß von allein in die Hände laufen." Bereits mit den ersten Griffen legte die Töpferin den Keim für die künftige Form. Wieviel an Erfahrung nötig ist, wird gewiß derjenige einsehen, der es selbst einmal versucht, auf der Scheibe zu töpfern. Wie schnell ist einem Anfänger der Tonkloß aus den Händen geglitscht! So weich, so leicht formbar wie es scheint, kann die Materie wohl doch nicht sein.

Vor unseren Augen ist eine zylindrische Vase mit einer schmalen Öffnung entstanden. Jetzt beugt sich die Töpferin seitlich hinab und prüft die Form auf ihr Ebenmaß. Wir können die Freude nachempfinden, die sich einstellt, wenn etwas gelungen ist. Niemand sonst war am Entstehen des Gefäßes beteiligt als die rotierende Scheibe und – die Hände der Töpferin.

Hand-Werk, dieses unmittelbare Berühren, Begreifen, Formen, das ist es wohl, was uns so fasziniert. Heute führen Automaten schwierigste Arbeitsgänge aus. Menschlicher Geist und Menschenhände haben feinste Geräte geschaffen, durch die wir über Knopfdruck nur mittelbaren Kontakt zu den Dingen haben. Um so stärker empfinden wir das Bedürfnis, mit den Fingerspitzen das Rauhe, das Glatte, das Feuchte, das Sandige zu fühlen, zu tasten, die Sensibilität der Hände zu trainieren, damit sie nicht durch das von ihnen Geschaffene verkümmern.

Die Töpferscheibe steht still. Mit einer Drahtschlinge wird die fertig gedrehte Arbeit von der Unterlage gelöst, mit den Fingerspitzen angehoben und vorsichtig abgestellt.

Buttstädt:
Der Pferdemarkt

„Pferdemarkt" verspricht in großen Lettern ein Transparent, das über die Straße gespannt ist. Doch zunächst erleben wir in dem schönen alten Städtchen nur eine Verkaufsbude neben der anderen. Unterhemden, Büstenhalter, Strümpfe, Zigaretten, Coca Cola, kitschige Hochglanzbilder, Bananen, Apfelsinen und Kohl werden statt Zaumzeug und Zügel angeboten. Nicht einmal das Wiehern eines Pferdes ist zu hören. „Herzilein" dröhnt es stattdessen aus den Lautsprechern, und es ist auch sonst alles da, was die Unverwechselbarkeit des Buttstädter Pferdemarktes zur Beliebigkeit herabziehen könnte. So eingestimmt, erwartet der Besucher am Stadtrand höchstens eine Handvoll „Alibipferde" und ist überrascht, wenn er sich endlich ins Freie gekämpft hat:

Auf dem großen Platz stehen über hundert der edlen Tiere! Augenblicklich schlägt das Herz des Pferdenarren höher; er beschleunigt die Schritte, um sich unter die anderen zu mischen, die angeregt diskutieren und gestikulieren. Dies ist kein folkloristisches Spektakel.

Vor dem Kauf wird dem Pferd obligatorisch „ins Maul geschaut".

Eine Garde edler Zuchtpferde.

Hier werden wirklich noch Pferde verkauft, wie es vor Jahrhunderten üblich war. Wer die entsprechenden Scheine dabei hat, kann tatsächlich auf dem Rücken eines Rappen davonreiten über Felder und Wiesen – etwa bis ins zwanzig Kilometer entfernte Weimar oder nach Erfurt, vielleicht nach Sömmerda.

„Es schlug mein Herz, geschwind zu Pferde!"

Ach, wenn schon das Geld nicht reicht, dann wollen wir wenigstens über das schimmernde Fell streichen und die Mähne kraulen ...

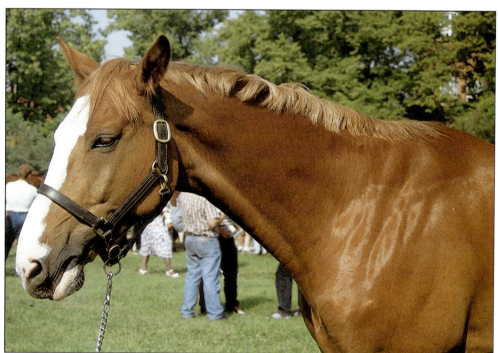

„Kauf' mir ein Pferdchen."

Gegenüber: Roßärsche

„Schenkst du mir das Pony?" bettelt ein Knirps seinen Großvater. Dem Alten ist anzumerken, daß er nichts lieber täte. Mit melancholischen Augen sieht das Pony durch's Zottelhaar zu den beiden und scheint zu sagen: Wenn ich nicht einen Besitzer hätte, der mich unbedingt gegen irgendwelche Scheine eintauschen will, käme ich auf der Stelle mit euch. Wenige Meter entfernt von ihnen stehen Kenner, die auf geübte Art eine schlanke braune Stute betätscheln. Zu zweit heben sie ihr ein Bein hoch und prüfen die Fesseln. Daneben öffnet jemand mit geübtem Griff ein Pferdemaul, um zu sehen, wie die Zähne darin stehen. An ihnen kann man nämlich das Alter der Tiere ablesen. Der Mann schiebt die Mütze in den Nacken und blickt kritisch drein. Nach einem kurzen Wortwechsel mit dem Verkäufer holt er ein Päckchen Hundertmarkscheine heraus; ein Handschlag besiegelt das Geschäft. Bei Pferdekäufen hat er noch immer die gleiche Wirkung wie eine Unterschrift unter den Kaufvertrag.

Bis zu 3.000 Pferde standen hier einst zum Verkauf

„Buttstädt – Stadt der berühmten Pferdemärkte – 11 im Jahr" stand einst auf dem Postwerbestempel der Stadt. Wer wissen möchte, wie es früher hier zuging, der sollte einmal in der „Gartenlaube" von 1895 blättern. Darin beschrieb der einstige Buttstädter Bürgermeister Hermann Ferschke anschaulich den Stau, in den man unweigerlich geriet, wenn man zum Pferdemarkt wollte:

„Alle nach Buttstädt führenden sieben Chausseen sind an den Markttagen mit Wagen, Reitern

und Fußgängern überfüllt...Käufer, Verkäufer, Künstler, Schaulustige, harmlose Landleute und abgefeimte Tagediebe aus den Großstädten kommen in die Stadt. Auf den Plätzen stehen 2.000 bis 3.000 Pferde jeder Rasse und jeden Alters wohlgeordnet zum Verkauf: das ostpreußische Reitpferd, der Mecklenburger Karossier, das schwere dänische und das noch schwerere Ardenner Zugpferd, der feingegliederte, langmähnige Russe, der ausdauernde stahlsehnige Ungar, der gedrungene Percheron und eine Unmasse einzelner Gebrauchspferde aus der Nähe ... Die Händler kommen aus Belgien, Rußland, Dänemark, Ungarn, Ostpreußen, Mecklenburg, Hannover, Holstein." Ferschke beklagte, daß sich die Plätze schon häufig gegen Mittag leerten. Früher sei der Markt am zweiten Tag fortgesetzt worden. *„Die Menschheit hatte eben damals mehr Zeit als heute"*, sinnierte er 1895. *„Die leidige Eisenbahn aber mit ihren pünktlich abgehenden Zügen läßt ihre Lokomotiven ganz in der Nähe pfeifen, und jeder Pfiff mahnt zur Eile."*

Viele von denen, die heute zum Pferdemarkt gekommen sind, werden es kaum glauben, daß sich die Buttstädter 1625 sogar mit den Leipzigern angelegt hatten. Als die sächsische Universitätsstadt acht Tage vor Allerheiligen auch noch einen Roßmarkt einführen wollte, gingen die Buttstädter auf die Barrikaden. Allerheiligen war einer der hier schon lange feststehenden Markttermine. Sie protestierten und siehe: Leipzig zog den kürzeren.

In einem Bericht aus dem Jahre 1551 heißt es, daß es schon seit undenklichen Zeiten Brauch war, auf Buttstädter Märkten Ochsen und anderes Vieh zu verkaufen. Große Rinderherden zogen schon im 15. Jahrhundert aus Ungarn und auch aus Polen abseits der großen Heeresstraßen durchs Land. Bis zu 200.000 Stück Vieh wurden im Jahr angetrieben, vermeldet die Chronik. In *„Budstat"*, wo die Schlachttiere verkauft wurden, mußten für jedes angebotene Rind zwei Pfennige Marktgebühr gezahlt werden. So erklärt sich, daß sich die Stadt schöne Bauten wie das Rathaus oder die Kirche leisten konnte. Als die Ochsentransporte im 16. Jahrhundert zurückgingen, kamen die Pferdemärkte auf, die aus Buttstädt nicht mehr wegzudenken sind.

Soll es lieber doch dieses Pferd sein?

Seite 93 rechts: Reiterliches Stilleben.

Mit Handschlag besiegelt und bar bezahlt.

Erwin Strittmatter
AUS: PONY PEDRO

„Auf dem Hofe prüfte ich den Schritt, den Trab und den Galopp des Hengstleins, hielt ihm die Feueraugen zu, prüfte seinen muskulösen Hals, seinen Kehlgang, ließ ihn wieder in den Stall bringen und veranlaßte ihn, hastig zurückzutreten. Die alten Pferdehändlerkniffe, die mich der Großvater gelehrt hatte, waren nicht vergessen. Zuletzt kroch ich dem Pferdchen zwischen die Beine, kroch unter dem Bauch durch, um seine angepriesene Tugend zu prüfen. Der Hengst gefiel mir, doch ich sagte das nicht. Ich tadelte: „Hinten ein wenig eng gestellt. Im Rücken zu weich." Ein Pferd, das man lobt, verteuert sich von Minute zu Minute. Der Verkäufer schlägt für jedes Wort fünfzig Mark auf. Man bezahlt seine eigenen Lobsprüche; ein uraltes Gesetz beim Pferdehandel."

Köhlerfest in Schmerbach:
Unterm Rauch die „Hille-Bille"

Rauch steigt aus dem Wald. Als dicke, graue Wolkensäule quillt er über den grünen Saum aus Fichten, Birken und Buchen. Manchmal treibt der Wind den Qualm ins Tal, wo er sich über die Ortschaft legt. Dann riecht es bis in die untersten Häuser von Schmerbach nach dem brennenden Meiler, der einmal im Jahr angezündet wird, um eine lange Tradition in Thüringen immer wieder aufleben zu lassen.

Jahrhundertelang hat in unseren Landen der Wald mit seinem Holz viele Menschen besonders in den Gebirgsregionen ernährt. Es gab Holzfäller und Zapfensteiger, viele Zimmerleute und Fuhrwerksbesitzer, Schachtelmacher und eben auch etliche Köhler. Dieser Beruf war seit langem in Schmerbach zu Hause, bis er – wie bereits vielerorts – auszusterben drohte. Nur wenige im Ort kannten sich noch in dem selten gewordenen Handwerk aus. Immerhin hatten in dieser Gegend die Holzhauer früher alljährlich zwei bis drei Monate lang gekohlt, um die kostbare Holzkohle zu gewinnen, die die Ruhlaer Messerschmiede für ihr Handwerk brauchten. Als die von Hand gefertigten Messer nicht mehr gefragt wurden, waren auch weniger Meiler vonnöten.

So schienen gleich zwei Gewerbe für immer einzugehen, wenn nicht die Thüringer auf ihre beliebte Rostbratwurst versessen gewesen wären. Wer sich im Zubereiten der „Echten" auskennt, weiß, daß sie am besten schmecken, wenn man sie auf dem Rost über glühender Holzkohle grillt. Die aber war in den 60er und 70er Jahren auf einmal rar geworden. Und so kam es, daß sich 1972 ein Verein beim damaligen Kulturbund zusammentat, um das alte Köhlerhandwerk wieder einzuführen.

Was zunächst als einwöchentliche Urlauberattraktion gedacht war – mit wirtschaftlichem „Nebeneffekt" – das entspann sich zu einer festen und liebgewordenen Attraktion: Einmal pro Jahr wird seitdem ein Meiler errichtet, der eine Woche lang brennt. Mit seinem Entfachen

Schwelender Rauch zeigt den Beginn des Köhlerfestes von Schmerbach an.

werden Neugierige aus nah und fern angezogen. Dann feiert man in Schmerbach das *Köhlerfest*: Die Männer der Feuerwehr postieren sich mit einem ihrer roten Löschfahrzeuge am Wald, eine Blaskapelle spielt, Bratwürste werden zuhauf gegrillt, und natürlich müssen etliche Liter Bier fließen, um den Durst der Besucher in den kratzig gewordenen Kehlen zu löschen.

Viel Volk trappelt an solch einem Fest-Wochenende im Juli den Köhlersteig hinauf. Das Ereignis des Meileranbrennens als solches wird zur Feier ohne unnötigen Firlefanz und die sonst üblichen Krambuden. Während der Woche wird es dann meist recht still; und über Nacht bleiben nur ein, zwei von den ehrenamtlichen Köhlern allein im Wald zurück. Sie übernachten in der nahe beim Meiler stehenden Köhlerhütte. Zeltartig, aus einfachen Stangenhölzern, wurde sie errichtet und über der Türöffnung mit einem Vorbau versehen. Ringsum ist sie mit Grasbatzen abgedeckt. Eine selbstgezimmerte Holzbank steht davor. Aus dem Inneren leuchtet ein Lämpchen von der Decke. Sonst zählt zur Ausstattung

Die „Hille-Bille" –
Warn- und Musikinstrument der Köhler.

nur das Nötigste: eine Pritsche, ein Wandbord mit einem Wecker, eine Jacke zum Überziehen und eine Decke.

1977 hatte man die letzte originale Köhlerhütte Thüringens aus Schmerbach abtransportiert und im Hof des Museums für Thüringer Volkskunde in Erfurt aufgestellt, wo man sie besichtigen kann. Die nachgebaute heutige Schmerbacher Unterkunft steht der vorherigen in nichts nach. Doch nicht nur im Köhlerhüttenbau verstehen die Mitglieder des Köhlerfestvereins von Schmerbach ihr Handwerk, auch den qualmenden Meiler wissen sie fachgerecht zu versorgen.

Schon Monate vorher muß mit den Vorbereitungen für das Köhlerfest begonnen werden. Die Arbeit hierfür ist mühevoll und hart. Sie beginnt mit dem Holzeinschlag von kräftigen Buchen. Dabei ist wichtig, daß die zum Verkohlen verwendeten Scheite auf die gleiche Länge (von einem bis anderthalb Meter) zugeschnitten werden. Dann will der Meileraufbau besonders sorgsam vorgenommen werden:

Zuerst schlägt der Köhler in die dafür geebnete Waldfläche senkrecht in den Boden einen sogenannten Quandelpfahl und baut um ihn einen Feuerschacht aus quadratisch übereinandergelegten Baumstämmen, der mit leicht brennbarem Reisig locker und luftdurchlässig gefüllt wird. Um ihn herum werden nun kreisförmig die Buchenholzscheite aufgestellt und übereinandergestapelt. Schicht für Schicht erweitert sich sein kegelförmiger Umfang, der bis zu zehn Metern im Durchmesser und zwei Metern in der Höhe anwachsen kann. Manchmal werden auch ein paar Lindenhölzer hinzugegeben, die sich später gut als Zeichenkohle eignen. (Früher schrieben übrigens damit die Holzhauer die Maße auf ihre gefällten Stämme.) Zum Schluß wird alles mit Erde luftdicht abgedeckt, daß beinahe der Eindruck entsteht, einem Erdhügel gegenüberzustehen.

Das Anzünden des Meilers wird immer am Sonnabendvormittag des beginnenden Köhlerfestes vorgenommen. Dann schiebt man ein brennendes Holz in den Schacht hinein. Sobald das Feuer das Reisig erfaßt und die Flammen nach oben schlagen, also bis zur „Haube" hinaufbrennen, wird der Quandelpfahl tiefer in die Erde geschlagen und auch diese Öffnung mit Erde zugedeckt. Nun kann der Schwelprozeß beginnen, der etwa eine Woche lang andauern wird. Bis zu 1000° Celsius entstehen dabei im Meilerinnern. Ständig muß nun der Brand überwacht werden. Entweicht der Rauch zu einseitig, werden in den anderen Teil kleine Löcher hineingestoßen, damit sich auch dort das inwendige Feuer fortsetzen kann. Lodern gar Flammen auf, so muß ihr Entstehungsherd sofort wieder

Mit Schaufel, Kratze und Hexenbesen muß der Meiler gewartet werden.

mit Erde abgedeckt werden. Allmählich brennt der Meiler von oben nach unten. Soll die Luftzufuhr für die unteren Schichten besser geregelt sein, nimmt der Köhler die Kratze zur Hand und lockert allmählich die Erdschicht etwas auf. Eine Trittleiter hat er sich dazu auf den Kegel gelegt. Gar manchmal dürften ihm die Sohlen seiner Arbeitsschuhe heiß werden, und fast immer schaufelt, kratzt oder steht er im dicksten Rauch

Brennt der Meiler zu heftig, muß er mit Reisern abgedeckt werden.

und macht sich bei jedem seiner Handgriffe etwas schwarz.

Anfangs ist der Qualm besonders dick und grau. Zudem verbreitet das feuchte Holz einen beißenden Geruch, der sich auch auf die Augen legt. Die meisten Zuschauer des Köhlerfestes ziehen es daher – nach kurzem Blick – vor, schnell wieder einer solchen „Räucherkammer" zu entfliehen. Sie kommen lieber erst wieder, wenn ihnen acht Tage später ein dünner bläulicher Rauchfaden über dem Wald anzeigt, daß der Brand gelungen ist. Dann auch braucht man auf die begehrte, von Hand so mühselig erzeugte Holzkohle nicht mehr lange zu warten. Am zehnten Tag schließlich, der in der Regel ein Montag ist, wird das fertige Erzeugnis in große Papiersäcke abgefüllt. Um Käufer brauchte der Köhlerfestverein von Schmerbach noch nie zu bangen.

Ganz besonders gut und hart gebrannte Stücke liest der Köhler aus. Die braucht er für eine neue *„Hille-Bille"*. Dies ist eine Art „Alarm- und Musikinstrument" aus Buchenholzscheiten. Dabei werden mehrere von den verkohlten Stücken mit einem Faden nebeneinander an einem Stöckchen aufgehängt.

So können die frei schwingenden, schwarzen Holzkohlestücke, die man „Hille-Bille" nennt, sogar einen verschieden hohen Ton erzeugen. Einst diente sie den einsam im Walde lebenden Köhlern dazu, um beispielsweise bei Feuer oder anderen Gefahren Alarm zu schlagen und Hilfe herbeizurufen. Und weil wir sehr neugierig sind, dürfen wir die „Hille-Bille" sogar einmal ausprobieren. Sacht schlagen wir mit dem Finger gegen das erste Hölzchen. Dieses stößt gegen das zweite, das dritte, das vierte und so fort. Der Klang ähnelt dem eines Xylophons. In Zeiten, als es noch keine Autos und Flugzeuge gab, waren ihre Töne gewiß weit zu vernehmen. Immer gehörte daher die „Hille-Bille" zu den wichtigsten Werkzeugen eines Köhlers in Thüringen. Ihrem Ruf in den Thüringer Wald nach Schmerbach sind wir gern gefolgt, läßt sich doch hier mit dem Köhlerfest ein altes Handwerk hautnah nacherleben, das es ähnlich nur noch an einigen wenigen anderen Orten gibt, so auch in der Gemeinde Bermbach bei Schmalkalden.

Großbreitenbach:
Olitätenkönigin & Buckelapotheker

Es riecht nach Pfefferminzblättern oder Echter Kamille, Schafgarbe und getrockneten Holunderblüten, Beifuß für den Gänsebraten oder Dillkraut, mit dem man die Gewürzgurken einlegt. Da bersten zwei, drei Tische fast über mit Vasen voller Rittersporn und Gladiolen, Rosen und Schleierkraut und vielen anderen einheimischen Blumen und Kräutern. Ahnungslos schiebt sich ein Teil des Besucherstroms an eben diesen Marktständen mit den Heilkräutern und den Düften von bodenständigen Gewürzen vorüber. Manchem gar mag das dort Angebotene aus Wiese und Garten gar zu gewöhnlich erscheinen. Dabei sind dies die Hauptanliegen des wieder aus der Taufe gehobenen Festes, dem seit 1990 wiederbelebten Kram- und Kräutermarkt von Großbreitenbach. Hier könnte der angereiste Städter das Entdecken der heilkräftigen Natur üben – in einer Zeit, da es alles fertig zu kaufen gibt.

So auch in der Apotheke, die gegen jedes unserer Wehwehchen der modernen Zeit viel chemische Tropfen und Pillen bereithalten könnte. Doch müssen es gleich Antibiotika und schwerste Psychopharmaka sein? Vielleicht würden schon der Kauf eines Fläschchens

Seite 98: Die frisch gewählte Olitätenkönigin von Großbreitenbach.

Bild unten: Essenzen und Tinkturen aus dem heimischen Kräutergarten.

mit Myrrhen- oder Arnikatinktur, mit etwas Melissengeist oder ein paar Hoffmannstropfen helfen? Oder, wie wär's mit Campherspiritus, Franzbranntwein oder einem Löffelchen des bitteren Baldrians? Mitarbeiterinnen einer Pharma-GmbH aus dem Nachbarort Meuselbach-Schwarzmühle wüßten da guten Rat – mit Heilmitteln, die man bei ihnen seit 1745 herstellt. Sie haben ihren Stand vor der neuen Großbreitenbacher Mylius-Apotheke aufgestellt – wohl auch, um zu dokumentieren, was sie mit dem „Urvater" des Thüringer Olitätenhandels (Arzneimittelgewerbes), Johann Matthias Mylius, verbindet. Leider stehen auch sie neben Allerweltsbuden, die wahrhaft mehr „Kram" als Kräuter anbieten.

Dafür lassen sich im Menschengewimmel hier und da verkleidete Personen antreffen, die auf ihre Weise für das Flair des Festes sorgen: zum Beispiel die *Kräuterfeen*, die in Körbchen verschiedene Heilpflanzen feilbieten. Gemeinsam mit den beiden als *Buckelapotheker* verkleideten Herren beleben sie das bunte Markttreiben. Ein, zwei Stunden später wird man unter den Damen die *Olitätenkönigin* aussuchen. Dann jedenfalls wird es auf dem Marktplatz vor dem Rathaus spannend. Immerhin ist die Wahl der Olitätenkönigin längst nicht zu vergleichen mit dem Wettbewerb von Schönheitsköniginnen! Sie wird mit Hilfe eines öffentlichen Wissenstests gekürt. Dabei geht es um Fragen rund um den *Thüringer Kräutergarten*, wie man die Region zwischen Großbreitenbach, Blankenburg, Königsee und Oberweißbach sonst nennt. Und wer die klügste unter den Kräuterfrauen ist und die meisten Fragen aus der heilkräftigen heimischen Pflanzenwelt richtig beantworten kann, der wird schließlich alljährlich in Großbreitenbach zur Olitätenkönigin gekürt.

Spätestens hier ist es an der Zeit, uns mit der Frage zu beschäftigen, wieso man gerade in der 2.500 Einwohner zählenden Ortschaft eine solche Kräuter-Königin wählt: Die Geschichte der Stadt Großbreitenbach begann vermutlich bereits im 12. Jahrhundert, als sich die ersten Waldarbeiter und Bergleute „am Breitenbache" ansiedelten, wo der Thüringer Wald in das Thüringer Schiefergebirge übergeht. Über mehrere Jahrhunderte war der Bergbau die wichtigste Existenzgrundlage der Einwohner. Geschürft wurde nach Schwefel, Kupferkies und Eisen, bis der Dreißigjährige Krieg diese Entwicklung zum Erliegen brachte und die Armut in die Häuser zog.

Nun kam den Großbreitenbachern zugute, daß sie frühzeitig auch die gewonnenen Mineralien, insbesondere den Schwefel, als Heilmittel zu verwenden wußten. Außerdem kannten sie sich aus mit den vor ihrer Haustür sehr artenreich wachsenden Pflanzen wie Schafgarbe und Löwenzahn, Engelwurz und vielerlei Blumen, waren sie doch gegen mancherlei Krankheiten gewachsen.

Daß gerade diese Heilkräuter seit dem Niedergang des Bergbaus zum Broterwerb wurden, dafür sorgte der ortsansässige Apotheker und Laborant Johann Matthias Mylius (1634–1678). Er brachte die Erfahrungen seines Groß-

Prinzeßchen als Zaungast

vaters, der in Königsee bereits eine Apotheke besaß, in den Ort und gilt als einer der Begründer der Thüringer Heilmittelherstellung, die man einst als Olitäten bezeichnete.

Mylius eröffnete 1664 die erste Apotheke im Ort. Dort zerrieb er einheimische Wurzeln oder Rinden in Stampftrögen und gab sie anschließend in Mischtrommeln. Weitere Ausgangsstoffe für seine Heilmittel wurden das in der „Ölschröte" gewonnene Leinöl oder auch der bergmännisch abgebaute Alaun. Gar oft mußte es in seinem Laboratorium geheimnisvoll gezischt haben, wenn er bei seinen Retorten und Kolben hantierte und auch alkoholische Auszüge aus Blüten oder Blättern gewann.

Und während Mylius mit dem Anfertigen der Tinkturen und Salben, Pülverchen und Tropfen beschäftigt war, sorgten die von ihm angelernten Händler, die man wegen ihrer Fellranzen auf dem Rücken auch *Raanzerte* nannte, für einen möglichst weiten Vertrieb der Tinkturen. Daß sie seine ersten Konkurrenten werden sollten und sich irgendwann selbst im Destillieren versuchen würden, ahnte er anfangs nicht.

Auf jeden Fall trugen die Raanzerte *oder* Buckelapotheker, wie man sie noch nannte, den Ruf der Thüringer Olitätenhändler in alle Welt. Mit ihrem zerbrechlichen Gepäck auf dem Rücken nahmen sie kilometerweite Strapazen auf sich, um die Fläschchen mit Kräuterdestillaten, Balsamdöschen und Pillenspanschachteln unter die Leute zu bringen. Für weite Strecken benutzten die Hausierer zumeist eine Kiepe oder besser noch: ein *Reff*. Das war ein langes, stuhlartiges Gestell, was sie an zwei breiten Gurten auf dem Rücken trugen. Für die kürzeren Strecken innerhalb des Thüringer Landes genügte meist der mit Kalbfell ausgeschlagene Ranzen. Darüber hinaus entwickelte sich bei den Buckelapothekern so etwas wie eine Zunfttracht: mit braunem Schoßrock, einer roten Weste, einem weißen Halstuch, einer braunen Lederhose mit Gamaschen und einem schwarzen Dreispitz als Hut.

Weil das einträgliche Gewerbe viel Anklang in den Walddörfern gefunden hatte, mischten sich auch gewissenlose Elemente unter die Träger, die wertlose Wässer als echte Arznei verkauften und damit den Ruf der Thüringer schädigten.

Leibhaftig zu Besuch: ein „Buckelapotheker" im Museum.

Die Blasmusik fehlt bei keinem Fest.

Um dem Einhalt zu gebieten, wurde von der Schwarzburger Regierung nur den ehrsamen Händlern in Königsee ein Paß ausgestellt. Ja, mehr noch: Es bürgerte sich ein, daß alle Laboranten sich einem strengen Examen vor dem Amtsphysikus unterziehen und künftig alle Rezepte vorlegen mußten. Auch die Arzneimittelverkäufer wurden geschult. Dies geschah meist in Königsee, dem Ort, wo das Apothekerhandwerk seinen eigentlichen Anfang nahm. Und so galten die Buckelapotheker, die weit bis in ferne Länder mit den Thüringer Waren vordrangen, oft als Ärzte der kleinen Leute. Sie kannten Abkochungen aus Kamillen- und Lindenblüten, Rhabarbersud oder Brei aus kurzgestoßenen Eierschalen für eine Menge innerer Krankheiten. Sie wußten Elixiere, Öle und Pulverchen, wenn ein Pferd nicht fraß oder die Hühner keine Eier legten; auch, wenn ältere Menschen das „Reißen" bekamen oder ganz einfach nur ihren Magen verdorben hatten. In Hamburg galten die thüringischen Pillendreher und Wässerchenverkäufer als besonders schlau, wie folgende geflügelte Worte bezeugen: *„He is so klook, as wenn he aus dem Thüringer Wald keem."* Offenbar wollen die Großbreitenbacher mit der Wahl ihrer Olitätenkönigin an diese Tradition wieder anknüpfen.

Vogelschießen und Schützenfeste

Von allen geräuschvollen Volksfesten sind Vogelschießen und Schützenfeste wohl doch die lautesten. *„Keine einzige Schlägerei beim Fest!"* verkündete eine Lokalzeitung in Rudolstadt nach dem Vogelschießen im Jahr 1993 hocherfreut. Wie die Zeitung weiter mitteilte, waren insgesamt 350.000 Gäste da, und über 200.000 Liter Bier sind geflossen, und etwa 28.500 echte Thüringer Rostbratwürste wurden verdrückt. Zwar mußte ein junger Mann mit einer Alkoholvergiftung in die Klinik eingeliefert werden, aber sonst gab's während der Festwoche am Ende des Monats August außer Kreislaufstörungen und Wespenstichen keine Komplikationen, nicht mal eine kleine Keilerei, wie gesagt.

Dafür wurde geschossen, daß der gute alte Wilhelm Tell seine Freude gehabt hätte! 54 Schützen aus den verschiedensten Vereinen versuchten, mit der Armbrust *den Vogel abzuschießen*. Die Musik spielte *„Schützenlies'l, drei Mal hat's gekracht"* und *„Im Leben, im Leben, geht mancher Schuß daneben"*. Dazu wurde im Schützenzelt das Festbier angezapft, das Riesenrad drehte sich, die Achterbahn startete stets neue Anschläge auf die Gleichgewichtsorgane. Karussells mit Tieren aus dem Disney-Land und aus anderen Traum-Ländern wirbelten die Kinder herum, und zum Höhepunkt des Festes gab's ein tolles Feuerwerk. Auch war hoher Besuch aus der Landeshauptstadt Erfurt gekommen, was ganz in der Tradition liegt. Man muß gar nicht lange nachgrübeln und herumblättern, schon findet man, daß zum Beispiel der Staatsminister und Geheimrat Johann Wolfgang Goethe zu seiner Zeit schließlich ebenfalls Gast bei den Vogelschießen in Weimar, Eisenach und Ilmenau war.

Das Rudolstädter Vogelschießen hatte am 28. August 1722 Premiere. Zu Anfang war es wohl nichts anderes als das, was der Name versprach: ein Vogelschießen. Erst gegen Ende des 18. Jahrhunderts mauserte es sich zum Volksfest, bei dem Komödien aufgeführt wurden und Bälle stattfanden. Marktfrauen hatten ihre Stände aufgebaut und warben mit kräftigen Stimmen für ihre Waren.

Die Tradition der Schützenfeste geht in die Zeit zurück, in der die Bürger verpflichtet waren, die Mauern ihrer Stadt und das eigene Heim selbst zu verteidigen. Waffenbesitz war im Mittelalter unerläßlich für die Städter.

Als beispielsweise der Thüringer Landgraf im Jahre 1309 mehrere Wochen die Stadt Erfurt belagerte, setzten ihm die Bürger einen erbitterten Widerstand entgegen, so daß er schließlich wieder abziehen mußte. Aus einem Inventarprotokoll von 1362 geht hervor, daß im Erfurter Zeughaus 680 Armbrüste lagerten. In den Kriegsbestimmungen hieß es, jeder Bürger habe einen Brustpanzer, Eisenhut, Spieß und Schwert zu besitzen. Da mit den Waffen immer wieder trainiert werden mußte, bildeten sich bald Schützengilden heraus. Erfurts älteste Schützengilde wurde 1463 gegründet.

Daß es solche Zusammenschlüsse überall in Europa gab, beweist Rembrandts 1642 geschaffenes Gemälde *„Nachtwache"*, das den Auszug einer Amsterdamer Schützengilde darstellt.

Ludwig Bechstein
VOGELSCHIESSEN (1843)

Die Vogelschießen sind in Thüringen sehr beliebt und sehr verbreitet. Es geht so weit, daß in gewissen Distrikten nicht nur jeder Ort, jedes Dorf, nein oft jede einzeln gelegene Schenke ein eigenes Vogelschießen hält, und ist die Witterung irgend gut, so fehlt es dieser Lieblingslustbarkeit nicht an Gästen, denn die Grundelemente Bier, Bratwurst, etwas Musik und sonstige Ergötzlichkeiten, hier und dort auch Glücksspiele, sind dabei stets vorhanden, abgesehen von dem Vergnügen des Zielschießens, an dem verhältnismäßig doch immer nur eine geringe Zahl der Anwesenden thätigen Anteil nimmt.

Viele Vogelschießen haben eine besondere Berühmtheit erlangt, doch schwankt diese häufig, nimmt ab und zu, je nachdem die Festordner es verstehen, die Menge zu befriedigen und durch Lustbarkeiten anzulocken, oder je nachdem sonstige politische und commerzielle Verhältnisse in Betracht kommen. Diese mit solennen Volksfesten verbundenen Schießübungen der städtischen Schützengesellschaften heißen zwar Vogelschießen, doch ist meist Scheibenschießen damit verbunden, und der beste Schuß auf die Scheibe macht an vielen Orten den Schützenkönig, und nicht immer der Schuß, der den letzten Span des Vogelcorpus von der Stange herunterbringt.

Ein Schießhaus klein oder groß, je nach Bedarf, hat fast jede thüringische Stadt, jedes Städtchen, fast jedes Amtsdorf, einen Schießrasen mindestens haben viele Dörfer. Die meisten Schießen werden mit Standröhren oder auch mit Büchsen gehalten, Stahl- und Armbrustschießen sind minder häufig, wie in anderen deutschen Provinzen. Die meisten Schützengesellschaften, als Corporationen, sind an manchen Orten förmlich militärisch organisiert, haben Uniformen, Exercierreglement und dergl. Der Vogel, der dem Feste überall den Namen gab, das hie und da auch Freischießen heißt, weil es ein freies Volksfest ist, an dem jeder Fremde, ohne Mitglied der Gilde zu sein, Anteil nehmen und seine Schüsse selbst thun, oder durch Gesellschaftsglieder thun lassen kann – ist der doppelte Reichsadler, meist groß und schön geschnitzt, bemalt, versilbert und vergoldet, in einer Kralle den Reichsapfel, in der anderen Schwert und Scepter, auf der Brust ein Fähnlein oder einen Stern. Er prangt auf möglichst hoher Stange; in seiner Nähe sind die Stände für die Scheiben mit der Schießmauer.

Die Erfurter Schützengilde hier bei der 1250-Jahrfeier der Stadt.

Schmalkalden: Traditioneller Hirschaufzug

Vom Schloß herab kommt der farbenfrohe Zug durch die Straßen und Gassen der Fachwerkstadt Schmalkalden. Auf dem ersten, mit grünen Zweigen ausgeschmückten Wagen liegt ein erlegter Hirsch, ein stolzes Tier, das noch vor wenigen Tagen mit erhobenem Geweih durch die Wälder streifte. Ihm folgen Jäger, Jagdhornbläser, Trachtengruppen und Schützengesellschaften. Es geht über den Lutherplatz zur Herren- und zur Haargasse, schließlich zum Entenplan und über die Haindorfs- und die Auergasse zum Altmarkt, wo der Zug inmitten der Menschenmassen zwischen dem Rathaus und der Georgenkirche hält.

„Hirsch tot!" blasen die Jäger. Und dann wird in historischer Kleidung die Übergabe des Hirsches an die Stadt Schmalkalden gespielt, so wie sie sich alljährlich seit dem Mittelalter zugetragen haben könnte. Vor dem Rathaus, einem gotischen Massivbau mit Steildach und Staffelgiebeln, werden der Landgraf und seine Gemahlin willkommen geheißen:

„Wir, Bürgermeister und Rat und mit uns die gesamte Bürgerschaft der Stadt Schmalkalden sind glücklich darüber, daß uns wieder einmal die hohe Ehre widerfahren ist, Eure Fürstliche Gnaden in unseren Mauern untertänigst ehrerbietigst begrüßen zu können ...", sagt derjenige, der den Bürgermeister spielt, worauf der „Landgraf" erwidert:

„Mit Freuden habe ich vernommen, daß der Hirsch, den ich durch meinen Jägermeister in Euer Rathaus habe liefern lassen, Euren Erwartungen entsprochen hat. Wie schon einst unsere hennebergischen Mitherrscher gemäß der Urkunde des seligen Henneberger Grafen Heinrich X. vom Jahre 1379 es immer für eine Ehrenpflicht angesehen haben, der Stadt einen guten Hirsch zu senden, so habe ich es bisher gehalten, und so soll es auch bleiben fürderhin. Unsere Stadt Schmalkalden soll ihr Hirschessen behalten, das ist mein Wille, wir haben den alten hennebergischen Brauch übernommen und wollen ihn pflegen zur Freude der Bürger und auch uns zur Freude ..."

Seite 106: Eintreffen des Hirschaufzugs auf dem Markt.

Gedenktafel von 1687 am Lutherhaus von Schmalkalden.

Damit nimmt das Hirschessen seinen Lauf, das vom 14. Jahrhundert bis in die zwanziger Jahre des 17. Jahrhunderts als eines der größten Volksfeste in der Region galt und von Chronisten als beispiellose Schlemmerei bezeichnet wurde. Mit dem Hirschgeschenk aus den herrschaftlichen Wäldern wollte sich der jeweilige Landesvater unter dem Motto „Kleine Geschenke erhalten die Freundschaft" gewiß auch das Wohlverhalten der selbstbewußten Bürgerschaft sichern, die es im späten Mittelalter zu einigem Wohlstand gebracht hatte. So nahm man das Geschenk als Ausgangspunkt für ein Volksfest, zu dem man selbst reichlich beisteuerte.

Früher fand der Aufzug mit dem Hirsch und dessen Übergabe am 15. August statt. Heute ist das traditionelle Hirschessen Bestandteil und Höhepunkt des *Bartholomäusmarktes,* der für fünf Tage Jubel und Trubel in die Stadt am Fuß der Wilhelmsburg bringt. Da treten Feuerschlucker auf und eine orientalische Tanzgruppe, da sind Beat und Blues und Blasmusik, aber auch Panflötentöne und Orgelwerke zu hören. Hirschgulasch gibt es, und eine Weinverkostung darf nicht fehlen. In den warmen Sommernächten um den 24. August, dem Tag des Heiligen Bartholomäus, stellen die Schmalkalder Bürger auch mal Tische und Stühle vors schöne Fachwerkhaus und tanzen auf den Straßen ihrer alten Stadt.

Der *„schmale Ort am kalten Wasser"* wurde erstmals 874 urkundlich erwähnt; 1180 erhielt er das Stadtrecht durch den Landgrafen von Thüringen. Ab 1360 teilten sich der Graf von Henneberg-Schleusingen und der Landgraf von Hessen die Herrschaft über die Stadt, die als Gründungs- und Tagungsstätte des Schmalkaldischen Bundes in die Geschichte einging.

In der *„Historia Schmalcaldica"* erzählt der Chronist *Johann Conrad Geisthirt,* daß die Beamten, Geistlichen, Stadtdiener und Handwerker jeweils sechs bis acht Pfund Fleisch von dem Hirsch erhielten. Der Rat bedankte sich daraufhin bei dem Landgrafen auf dem Schloß und brachte unter anderem 16 Kannen Wein und ein

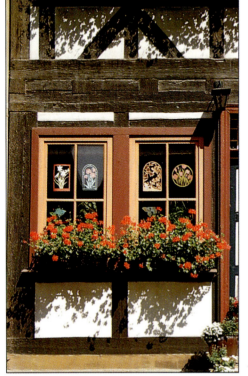

Ankunft des erlegten Hirsches bei der Stadtkirche „St. Georg".

Links oben: Musikalisches Wecken zum Bartholomäusmarkt im Fachwerkstädtchen.

Links unten: Klein aber fein.

Faß Einbeckisches Bier mit. Am Sonntag dann kamen etwa 60 bis 80 Gäste ins Rathaus, unter ihnen die gräfliche Familie, die fürstlichen Junker, Räte und viele Hofbediente. Dort sah man zuerst eine „Comoedie", bevor man in drei Gängen speiste: Zuerst Forellen, Hechte, Barsche, dann Gebratenes vom Schwein, Wildpret, Kalbs- und Lammbraten und Gänse. Zuletzt gab's Krebse, Kuchen, Konfekt, Obst, Wein und Bier in Fülle. Der Chronist weiß auch zu berichten, daß nach dem opulenten Mahl vor der großen Ratsstube getanzt wurde. Den Anfang machte der Fürst mit seiner Gemahlin, es folg-

ten die Junker mit den fürstlichen Frauenzimmern und den Ratsschreibern, dieweil vor dem Rathaus die Handwerksburschen mit den Töchtern und Dienstmädchen ihrer Meister tanzten. Graf Heinrich hielt sein Versprechen und ließ jährlich einen Hirsch bringen. Seine Nachkommen übernahmen den Brauch, und als ab 1360 die Landgrafen von Hessen mit den Hennebergern regierten, schlossen sich auch die Hessen an.

Nachdem der letzte Henneberger Graf 1583 gestorben war, schenkte fortan der hessische Landesherr allein der Stadt alljährlich einen Hirsch.

Aus einem Brief von Heinrich X. an den Rath der Stadt Schmalkalden:

„Wir Heinrich von Gottes Gnaden Graff und Herr zu Henneberg Und alle Unsere Erbin bekennen an diesem offin Brieffe, das wir von besonder Gunst Und Gnade wegin die wir bisher gehabt haben Und noch haben zu den Ersamen Wissin lüthin den Rathsmeistern den Zwölffern Und der Stadt gemeiniglich in Schmalkalden Unsern libin getreuin denselben geliehinn habin Und gebin wollin einen gantzen Hirtz, den Ihn Unser Jeger Von Unswegen Jerlichin antwortin sol auf Uns Frauin tag genannt assumpt. corp. (15.August) uf ir Rathuß zu Schmalkaldin ... gemeiniglich und alle ire Nachkummin sallin erwecklichen einen gantzen Hirtz uf die vorgenannte Zit von Unß allin Unsirn Erbin und der Herrschaft Henneberg zu lehin habin, den wir Ihn antwort wollin lassin, alß wie geschriebin stet, und haben des zu Uhrkunde wir vorgedachter Graff Heinrich Unsir insigel fur Uns und alle Unsere Erbin gehangin an diesen Brieff, gebin nach Gottes Geburt dreyzehen Hundert Jar sibenzig Jahr neun Jar an dem erstin Montag vor sant Johannis Tag des Teuffers."

Blick durchs Schloßtor auf Schmalkalden.

Kirmes- und Herbstfeste

In Herbste ös de beste Ziet,
  De Kermse racht ze hahlen.
Do ös de Arbt verby so wiet,
  Do hett me Frocht zu mahlen.
Do ös das Fuald nun meistlich lier.
  Do bruwt sich racht guet
            Kirmsenbier,
Höbsch fatt sinn nun de Gänse.

Vielfältig wie das Land: Die Thüringer Kirmes

Wer eine lebendige Vorstellung davon bekommen möchte, wie unsere Urgroßeltern und deren Eltern Kirmes feierten, sollte sich im Spielzeugmuseum in Sonneberg umsehen. Umgeben von landschaftstypischen Schiefer- und Fachwerkhäusern und einer Tanzlinde stehen 47 etwa lebensgroße Figuren, die liebevoll bis ins Detail ausgearbeitet sind, auf dem Markt eines thüringischen Städtchens. Jede Gestalt besticht durch ihre Individualität; einige sind stadtbekannten Sonneberger Originalen nachgebildet. Sie scheinen alle zu leben und nur an dem Platz, an dem sie sich gerade befanden, durch einen Zauber eingeschlafen zu sein, so wie die Hofgesellschaft in dem Märchen „Dornröschen". Vielleicht braucht man bloß in die Hände zu klatschen, und der Ausrufer schwingt die Glocke, und das zweistöckige Karussell dreht sich zur Leierkastenmusik. Bratwurstduft steigt auf. In dem lautstarken Trubel schlägt einer die Pauke. Neben ihm treiben Gaukler und Fratzenschneider ihre Possen. Der Narr im Schellenkostüm gibt gepfefferte Sprüche von sich. Plötzlich klirrt die Kette, und der Bär richtet sich in voller Größe auf. Erschrocken weicht man zurück, aber der Bärenführer hält ihn fest. Ein Mädchen in hellblauem Kleid zeigt seine Reitkünste. Dahinter turnen zwei Äffchen auf einem Kamel herum, das mit dem Ausdruck von Gleichmut und Stolz dem verrückten Treiben zusieht. Frauen und Männer, Kinder und Greise sind auf den Beinen.

Die *Kerwa, Kirmes oder Kirmse* war d a s große Fest in Thüringens Dörfern und Städten! Dieser Tag hob sich heraus aus dem gleichmäßigen Strom vieler grauer Tage. Lange vorher hatte man dafür gespart und sich darauf gefreut. Aus den Gemeindebackstuben brachten die Frauen duftende Kuchen nach Hause, die mit dem Mehl des neu geernteten Korns gebacken waren. Auf dem Mittagstisch standen dampfende Klöße, und im Krug schäumte frisch gezapftes Bier. Meist feierte man drei Tage, und vor allem wurde dabei gegessen und getrunken,

Kirmestanz auf dem Dorfanger von Oberdorla (Vogtei).

Seite 110: Blick auf Hirschendorf.

Seite 111 und Seite 113: Detail aus der für die Weltausstellung 1910 gefertigten „Thüringer Kirmes".

Unten rechts: Die historische „Thüringer Kirmes" im Spielzeugmuseum Sonneberg.

getanzt, geplaudert, auch geprahlt und mitunter gestritten. Beflügelt vom Alkohol, kam es gelegentlich auch mal zu einer handfesten Prügelei, bei der ein paar Bierseidel durch die Luft flogen. Aber schön war's doch jedesmal wieder, und man hatte was zu erzählen – bis zum nächsten Kirmesvergnügen.

Daß es sich bei der *Kirchweih* eigentlich um ein rein kirchliches Fest handelt, welches auf *Konstantin den Großen* zurückgeht, der schon im 4. Jahrhundert neuerbaute Kirchen mit einem Fest einweihen ließ, geriet zunehmend in den Hintergrund.

Indem sich die Kirmes zu einem weltlichen Freudenfest wandelte, übernahmen schließlich auch die Kirmesburschen die Organisation desselben. Sie stellten den Kirmesbaum auf oder schmückten die Dorflinde und brachten an den Türen ihrer Mädchen mit bunten Bändern geschmückte Fichten an. Jede Stadt und jedes Dorf hatte eigene Kirmesbräuche. Überall aber begann das Fest mit einem Gottesdienst, auch war es üblich, daß die Kirmesgesellschaft in ihren jeweiligen Trachten mit Musik durch die Straßen und Gassen zog, voran der *„Stürzenträger"*, der eine mit Bier gefüllte Gießkanne, auch Gießstürze genannt, und eine lange Rolle mit sich trug. Auf ihr stand die *„Kerwarpriedicht"*, die anschließend verlesen wurde. Diese Kirmesreden waren vergleichbar mit Büttenreden zum Karneval, zogen diesen und jenen durch den Kakao, verschonten auch den Bürgermeister nicht und nahmen Ereignisse der vergangenen Wochen auf's Korn. Nach drei Tagen Tanz-, Trink- und Eßvergnügen, nach vielen Kirmesständchen wurde die Kerwa am Ende unter vielen Tränen und Seufzern begraben.

In Oberdorla tragen die Mädchen zum Kirmestanz lange Kleider.

Oberes Bild Seite 115: Aufzug der Musikanten.

Vor allem in abgelegenen Orten, die schwer erreichbar waren und noch immer nicht leicht zu erreichen sind, ist bis heute etwas Echtes, Unverfälschtes in den Kirmesfesten erhalten geblieben. In den meisten Städten und Dörfern aber gab es Brüche und mehrmalige Versuche eines Neuanfangs. Man trägt jetzt zur Kirmes fast überall in Thüringens Dörfern wieder Tracht. Die Enkelinnen haben die Uroma darum gebettelt, und auch die Enkel kommen mit Urgroßvaters Frack und Zylinder zum Kirmestanz. Offenbar ist das Bedürfnis groß, in den wechselnden Zeiten etwas zu haben, an dem man sich wie an einem Geländer festhalten kann. Leicht fällt der Unerfahrene dabei aber auch auf „Traditionen" herein, die erst in Zeiten geboren wurden, als volkstümelnde Rattenfänger mit ihren Flötentönen die Menschen hinter sich her und ins Verderben zogen. Man müßte die Feste gewissermaßen „durchschütteln" und von all dem reinigen können, was sich an Falschem, auf eine Ideologie Ausgerichtetem, angesammelt hat.

Daß auch sie mißbraucht wurde, dafür kann doch beispielsweise die *Effelder Tanzlinde* nichts, die man im Jahr 1707 pflanzte. Ihre unte-

Unten links: Aus dem Hirschendorfer Backhaus duftet es nach frischem Bauernbrot.

Unten rechts: Schinkenbrot und knusprige „Brödla".

ren, weit ausladenden Äste ziehen sich an Brettern entlang. Diese ruhen auf einem zwölfeckigen Balkenwerk, das mit Pfählen abgestützt ist. In großem Abstand über dem Tanzboden ist ein zweiter Ästekranz wie eine Saaldecke aus dem flimmernden Grün gezogen, und darüber wölbt sich die Krone der Linde. Wie früher wird auch heute zur Kirmes in ihrem Laubwerk getanzt, daß die Äste knarren und sich die Balken biegen. Im Jahr 1810 soll das ganze Holzgerüst mal eingestürzt sein. Aber die etwa 60 Leute, die auf dem Baum waren, kamen mit blauen Flecken davon, berichtet die Chronik des über tausendjährigen Ortes (siehe Bild auf Seite 69).

Wie die Linde zur Kirmes belebt wird, so geschieht es in einigen Dörfern auch mit den alten Gemeindebackhäusern. Früher wurden in ihnen Woche für Woche Brot und Kuchen gebacken. Ein Topf mit Sauerteig ging rundum von Haus zu Haus, auch wurde ausgelost, wer einheizen mußte.

Vor allem Kinder und Frauen schafften dazu Reisig aus den umliegenden Wäldern heran. Wer einmal handwarmen Speck- oder Obstkuchen direkt vom Backhaus probiert hat, wer ein Stück vom frischen Brot abbrechen durfte, wird diesen unvergleichlichen Duft nicht mehr vergessen und wieder ein Gefühl für die guten, einfachen Dinge des Lebens bekommen. Hinterher ist es schwer zu begreifen, wie man die aufgeblasenen Brötchen aus dem Supermarkt überhaupt Backwaren nennen konnte.

Ausgefallene Kirmesbräuche gibt es in Thüringen auch, wie zum Beispiel in Heinrichs das *Hahnenschlagen*.

Während man früher einen Hahn bei lebendigem Leibe in die Erde eingrub, so daß nur noch Kopf und Schwanz heraussahen, tötet man jetzt das Tier vor dem Eingraben. Dann werden einem Kirmesburschen die Augen verbunden, er kriegt einen Schnaps und wird mehrmals um die eigene Achse gedreht. Schließlich gibt man ihm einen Dreschflegel in die Hand, mit dem er ein Holz nach dem Geflügel schlagen muß. Wer den Hahn trifft, dem gehört er, und der ist Kirmeskönig: *Drei-vier-Kermes!* heißt es dann.

In manchen Dörfern sagt man 13-14-Kirmes, in anderen 14-15, ja auch den Ruf 17-18-Kirmes gibt es.

Karussellfahrt zur Kirmes in Oberdorla.

Bier vom Faß muß her.

Neben dem Hahn spielt auch der *Hammel* bei einigen Kirmesfesten eine Rolle. In Kaulsdorf wird um den Hammel gekegelt. Wer gewinnt, kann einen lebendigen Hammel mit nach Hause nehmen. Am Kirmesmontag fährt man einen Schäfer mit einem geschmückten Hammel durch Oberdorla. Solche „Hammelfahrten" erinnern noch an jene Zeit, da die Schafzucht Haupterwerbszweig der Vogteier war. Ebenfalls am 3. Kirmestag wird in einigen Dörfern des Eichsfeldes ein mit bunten Bändern und Blumen verzierter Hammel zum Dorfanger gebracht, wo er sein Leben lassen muß, damit die Kirmesburschen zu ihrem Braten kommen. Vorher werden aber erst noch unter der Linde die Kirmeserstlinge mit einem großen Holzmesser „rasiert". Die Mädchen in Gispersleben verstecken sich vor Kirmesbeginn erst einmal und müssen von den Burschen gesucht werden. Dafür steigen die Jungs am zeitigen Montag morgen über Leitern in die Schlafzimmer der Mädchen und „rauben" sie. Zum Abschluß der Kirmes gibt es am Abend eine zeitgemäße „*Beerdigungsdiskothek mit Erotikshow*", weil man in dem Ort, der unterdessen zur Landeshauptstadt gehört, „*up to date*" sein will. Auch in Remschütz sucht man neue Wege und läßt zur Kirmes originelle selbstgebaute Boote auf der Saale schwimmen: Ein Bett, eine Badewanne mit Ofenrohren, ein Lindwurm aus Schläuchen mit Fahrradschaufelantrieb und sogar ein Trabant schaukelten schon in den Fluten.

Mitten im Trubel: Musikantenstilleben.

Unter den Städten ragt die einstige freie Reichsstadt Mühlhausen hervor, in der es zuweilen 14 verschiedene Kirmesfeiern gab, die vom Frühjahr bis tief in den Herbst hinein gefeiert wurden. Und da ein Fest jeweils eine Woche dauerte, konnte man ab Mai von einer Kirmes zur anderen torkeln und blieb doch stets in den Mauern der freien, reichen Kirmesstadt. 1877 schoben die Stadtväter diesem Treiben einen Riegel vor und legten für Anfang September drei tolle Kirmestage fest. Zwar wurde später noch ein Tag eingespart, doch die Straßenfeste der Kirmesgemeinden haben sich bis heute erhalten.

Gegenwärtig gibt es in Mühlhausen über 30 Kirmesgemeinden, von denen jede einen Kirmesbürgermeister und alle zusammen einen Kirmesoberbürgermeister haben. Wer sie sehen will, sollte zum großen Festumzug kommen, der alljährlich Ende August oder Anfang September stattfindet. Jede Kirmesgemeinde sieht ihren Ehrgeiz darin, den Zug, der Karnevalsumzügen ähnlich ist, durch besonders originelle Beiträge zu bereichern.

Neudietendorf:
Das Waidfest

Goldenes Vlies wurden einst die gelbblühenden Felder genannt, die sich rund um Erfurt, Gotha, Arnstadt, Langensalza und Tennstedt erstreckten. Sie trugen vom 13. bis etwa ins 16. Jahrhundert einen fast durchgängigen Teppich aus Färberwaid, einer Kulturpflanze, deren Blätter nicht etwa zum Gelb-, sondern meist zum Blaufärben von Stoffen sehr begehrt waren. Für die Waidjunker der Region waren damit „*Goldene Zeiten*" angebrochen, brachte doch der Anbau und Handel mit Waid Reichtum in die Region. Seit der Entdeckung des Seeweges nach Ostindien gelangte allerdings im 16./17. Jahrhundert zunehmend ein anderer blauer Farbstoff nach Europa. Das lichtechtere Indigo, das in Indien, später auch in Mittelamerika weitaus billiger erzeugt wurde, überschwemmte bald den einheimischen Markt. Zwar erhielt der Waidanbau unter der Einwirkung der Napoleonischen Kontinentalsperre (von 1806 bis 1813) nochmals einen Aufschwung – besonders, als der Erfurter Apotheker und Chemiker Trommsdorff ein einfacheres Verfahren zur Waidpulver-Gewinnung erfand. Dennoch ließ das importierte Indigo und der ab 1880 von Baeyer aus Steinkohlenteer chemisch gewon-

Seite 118:
Beim Waidfest in Neudietendorf.

nene blaue Farbstoff den Waidanbau immer mehr eingehen.
Fast wäre die Kreuzblütler-Pflanze in Vergessenheit geraten, hätte sich nicht in Neudietendorf ein Malermeister mit ein paar Verbündeten dieser ungewöhnlichen Kulturpflanze angenommen. Vor 15 Jahren wurde von ihnen der Waid erstmals wieder auf einem Versuchsfeld bei Neudietendorf angebaut. Seitdem interessierten sich nicht nur einheimische Wissenschaftler und Industrielle für dieses Phänomen. Auch ein Volksfest hat sich inzwischen um die außergewöhnliche und sonderbare Pflanze entwickelt: das Waidfest. Es stellt sich zur Aufgabe, den traditionellen Waidanbau seinen heutigen Besuchern mit all seiner Nützlichkeit nahezubringen. Dabei möchte der Waidverein von Neudietendorf auch die frühere Herstellung des Färberwaids wieder nacherlebbar machen.

Austragungsort des Geschehens ist, wie sollte es anderes sein, der Waidplatz von Neudietendorf. Bei einer *Waidmühle*, an Buden und Ständen, werden die einzelnen Verarbeitungsstufen demonstriert, in denen früher die Waidpflanze zu Farbstoffbällen verarbeitet wurde. Da stehen als erstes Jungen als Bauern verkleidet und waschen die spinatähnlichen Pflanzen in wassergefüllten Trögen. Sie bewegen mit Mistgabeln die dunkelgrünen, saftigen Blätter hin und her, bis sie auf dem Rasen zum Anwelken ausgebreitet und von dort zur nahen, gemeindeeigenen Waidmühle gekarrt werden.
Der Waidmühlenstein ist ein bald zwei Meter hoher, runder Sandstein mit gezähnter Lauffläche. Er läßt sich göpelartig um einen drehbaren Holzpfahl bewegen. Ein kräftiger Gaul wird davorgespannt, der, von einem Mann geführt, ständig im Kreis läuft. Bei jeder neuen Runde läßt man die angehäufelten Blätter etwas mehr zu Brei zerquetschen. Nun muß die zermalmte Masse auf der Tenne zu halbmeterhohen Haufen aufgeschüttet und mit Wasser feucht gehalten werden, wobei sie zu gären beginnt.
Was in Wahrheit etwa zwei Wochen dauert, wird in Neudietendort gleich am nächsten Stand von ein paar Mädchen gezeigt. Sie formen den Waidbrei zu faustgroßen, kloßartigen Bällen, die getrocknet werden müssen. Mit den *Waidkugeln,* auch Blaukörner genannt, endete in der Regel die Verarbeitung in den waidanbauenden Dörfern und damit auch für Neudietendorf. Zwar durften die Waidbauern ihre Erträge noch nach Belieben auf dem Erfurter Waidanger (dem heutigen Anger) veräußern, das alleinige Recht, das Endprodukt getrocknet in Holzfässern verkaufen zu dürfen, war jedoch nur den *Waidjunkern* vorbehalten. Sie waren es, die durch den Handel mit Färberwaid zu beträchtlichem Gewinn gelangten.
Noch heute lassen ihre prächtigen Renaissancehäuser in Erfurts Innenstadt etwas vom Reichtum der Erbauer ahnen. Drei Tonnen Goldes sollten, will man der Überlieferung aus Blütezeiten glauben, durch den Handel mit Waid der Stadt Erfurt alljährlich zugeflossen sein. *Erfordia* galt als Hauptort des Waidvertriebs in ganz Deutschland. Da konnten es sich die Waidhändler sogar leisten, den Bau der 1392 gegründeten Erfurter Universität finanziell kräftig zu unterstützen.
Der Erfurter *Waidmarkt* fand mit Ausnahme der Feiertage während des gesamten Sommers statt. Seinen Verkaufsbeginn läutete immer eine Waidglocke ein. Und am früheren Rathaus hing ein sogenannter Waidring, der den Bauern die Größe anzeigte, die ihre Waidkugeln haben mußten. Noch heute

Bild unten links:
So wurden Waidkugeln vor ihrem Verkauf geformt und getrocknet.

tragen Häuser und Gassen in Thüringens ehemaligen Waidstädten Namen des einstigen Gewerbes mit der Färberpflanze.

Waidspeicher nennt sich auch noch in der Erfurter Arche ein Haus, das heute als Spielstätte einem Puppentheater und einem Kabarett dient. Früher wurden hier die vom Waidjunker aufgekauften Bälle eingelagert. Während der Herbst- und Wintermonate waren Waidknechte, die von den Händlern angestellt waren, mit der Endverarbeitung beschäftigt. Sie zerschlugen die trockenharten Ballen mit sogenannten Plöchern (Waidhämmern) und setzten sie unter dem Zusatz von Wasser einem nochmaligen Gärungsvorgang aus. Dieser Fermentationsprozeß, bei dem Wärmeenergie entstand und Dämpfe entwichen, mußte mehrere Wochen lang ständig überwacht werden. Erst nach dieser langwierigen Prozedur konnte das getrocknete und gesiebte Farbpulver, das Taubenmist ähnelte, in Fässern aus Tannenholz transportiert werden. Von hier trat die Handelsware seinen Weg durch ganz Deutschland und ins Ausland an.

Besuchern des Neudietendorfer Waidfestes entgeht zwar die komplizierte Endfertigung des Farbpulvers, dafür aber können die Gäste beim Färben zuschauen. Da werden von ein paar Frauen und Mädchen Stoffe in die vorbereiteten Färbeküpen getaucht, die dabei verschieden blaue Farbtönungen annehmen.

Im Mittelalter fügte man den warmen Farbbädern noch Krapp, Kleie und neutralisierende Pottasche hinzu. Je nach Menge der Zusätze wurden mit dem Waid Färbungen in Blau, Braun, Grün und Schwarz erreicht. Kurzum: Damit war Waid eine Art pflanzlicher Allerweltsfarbstoff, der zudem umweltfreundlich war. Inzwischen entwickelte eine Thüringer Baustoffirma in Neudietendorf ein derartiges Farbpulver wieder. Es findet in Farbnuancen für Holzbeizen Verwendung und wird von einem Jungen als "Malergeselle" beim Anstrich von der Leiter demonstriert.

Obwohl der Waid durch den künstlichen Farbstoff *Indigo* weitgehend verdrängt schien (mit ihm färbt man übrigens auch die zahlreichen Jeans-Stoffe), gewinnt die Thüringer Färbepflanze wegen ihrer biologischen Herstellung wieder an Bedeutung. Nicht nur als Farbstoff, sondern auch als Arzneimittelpflanze und Kräuterzusatz wird die Waidpflanze inzwischen ausprobiert. Gäste des Waidfestes können bereits eine Waid-Pflegecreme erwerben. Demnächst gibt es auch einen einheimischen Waid-Likör zu kosten.

Damit erlebt eine Kulturpflanze Europas, die schon von Julius Caesar im Jahre 54 v. d. Z. beschrieben und von Karl dem Großen im Jahre 795 als Abgabe einiger Dörfer an den königlichen Haushalt zum Färben von Gewändern gefordert wurde, ihre Renaissance. Und vielleicht könnte mit diesem Traditionsfest ein Beispiel dafür geschaffen werden, wie bereits Vergangenes in den Alltag zurückkehrt.

Heiligenstadt:
Das Fest der Möhrenkönige

Man nennt es das Fest der „Heiligenstädter Möhrenkönige", das erst seit ein paar Jahren in der eichsfeldischen Kreisstadt begangen wird – in eben jenem Ort, wo der berühmte Bildschnitzer Tilman Riemenschneider geboren wurde und der Dichter Theodor Storm acht Jahre als Kreisrichter tätig war. Doch dies nur nebenbei.

Kostümwettbewerb der „Möhrenkönige" in Heiligenstadt.

Anlaß zu diesem Fest mit dem roten Gemüse bot eine Sage, die erklärt, wie die Heiligenstädter zu dem Spitznamen „Möhrenkönige" kamen:

Die Geschichte begann mit einem geplanten feindlichen Überfall Eichsfelder Ritter auf die Heiligenstädter Bürger, die sich in einem Streit deren Groll zugezogen hatten. Um die Mittagsstunde, als man meinte, daß alle Familien beim Mittagsmahl saßen, pirschten die geharnischten Feinde auf Schleichpfaden mit ihrer Streitmacht heran. Der aufmerksame Wächter auf dem Allstädter Kirchturm hatte sie jedoch bemerkt und schlug Alarm. Das war das Zeichen für die Torwächter, rasch alle Stadttore zu schließen. Nur einer fand in der Eile nicht den schweren Holzriegel. Schon hörte er das Pferdegetrappel der heranreitenden Gegner. Beim Suchen fiel sein Blick auf eine große Möhre, die seine Frau tags zuvor im Garten geerntet hatte. Quasi in letzter Minute verriegelte er mit diesem Prachtexemplar von einer Möhre das Tor. Schon rannten die feindlichen Mannen dagegen an. Aber es hielt stand. Das ging so mehrere Tage lang. Doch die Möhre sperrte die Pforte gegen jeden neuen Versuch der Belagerer, die die Eichsfelder nun auszuhungern gedachten.

Auch für die Ziege des Wächters war das Fressen indessen knapp

Seite 123: Auf geht's, zum Fest der Möhrenkönige.

„Wer ist wohl diesmal die Schönste?"

Links oben: Spannung auf der Freilichtbühne.

Rechts oben: Möhren„prinzeßchen".

geworden. Gewaltsam riß sie an ihrem Strick und kam los. Wie groß war ihre Freude, als sie beim Stadttor an der Möhre reichlich Futter für sich entdeckte. Frisch knabberte sie drauflos, daß von der armdicken Karotte nach einer halben Stunde nichts mehr übriggeblieben war.

Der Wächter hatte sich zu einem Nickerchen in seine Stube gelegt und nichts von alledem bemerkt, als just in diesem Moment die Eichsfelder einen nächsten Angriff auf das Stadttor starteten. Doch seltsam: Diesmal war die Pforte nur angelehnt! Und für die Eroberer war es ein leichtes, ohne weitere Gewaltanwendung einzudringen.

Als später die Ursache des Überfalls ruchbar wurde, brauchte der Wächter für Spott nicht zu sorgen. Man nannte ihn fortan den „Möhrenkönig". In späterer Zeit übertrug sich der Spitzname auf alle Bürger der Stadt. Sprach man irgendwo von den „Möhrenkönigen", wußte man, wer gemeint war. Die Heiligenstädter nahmen's mit Fassung. Und weil sie zudem Humor besaßen, gaben sie ihrem Stadtfest den Namen der Möhrenkönige.

Das schönste an diesem Stadtfest ist neben allerlei Darbietungen mit Heimatvereinen, Chören, Musik- und Tanzgruppen, die auch anderswo ähnlich hätten stattfinden können, der Kostümwettbewerb Heiligenstädter Kinder. Jeweils am

In kräftigen Herbstfarben zeigt sich die Umgebung Heiligenstadts zum Fest der Möhrenkönige.

Sonntag nachmittag wird entschieden, wer von ihnen die attraktivste Möhrenkönigsverkleidung trägt. Voller Ungeduld warten dann die Mädchen und Jungen auf den Moment, da sie ihre mühevoll hergestellten Kostüme auf der Bühne im Fußgängerboulevard der Öffentlichkeit vorstellen dürfen. Dazu wurden meist Kränzchen aus Möhrenkraut als Kopfbedeckung geflochten, deren Kronen spitze rote Möhren darstellen. Mit Prinzessinnenkleidern und samtenen Königsgewändern bewegen sich die kleinen Fräuleins und Herren vor dem drängenden Publikum. Als Doppelmöhre angezogen, zeigt sich ein Zwillingspärchen; und einer ist gar in seinen orangeroten Schlafsack geschlüpft und läuft nun als ausgestopfte Riesenmöhre umher. Der Verwandlungsspaß, der damit nicht nur in der Faschingszeit Heiligenstadts Hochkonjunktur hat, regt viele Kinder zum Mitmachen an. Diese jungen Gäste halten das Fest zwischen Markt und Wilhelmstraße besonders lebendig. Sie sorgen neben einem alten perückengeschmückten „Möhrenkönig", der hin und wieder zwischen den Buden flaniert, für das eigentliche Flair dieses septemberlichen Wochenendvergnügens in Heiligenstadt.

Wo die siebenhäutige Königin regiert: Zwiebelmarkt in Weimar

Einmal im Jahr, da strömen Heerscharen von Besuchern nach Weimar – nein, diesmal nicht unbedingt Herrn Goethes oder Herrn Schillers wegen, auch nicht wegen anderer bekannter Damen und Herren, die den Ort besonders zur Zeit der Klassik so berühmt machten. Sie kommen im Herbst, wenn die siebenhäutige Königin ein Wochenende lang über die Straßen und Plätze herrscht, dann nämlich, wenn in Weimar der traditionelle Zwiebelmarkt abgehalten wird.

Anfang Oktober ist es an einem Wochenende immer soweit. Nachdem am Freitag abend die Zwiebelkönigin gewählt und gefeiert wurde, eröffnet man am Sonnabend morgen schon in der zeitigen Frühe das Fest. Bereits ab 6 Uhr, wenn die Straßen noch feucht vom Morgennebel sind, harren die Marktfrauen ihrer ersten Kunden. Zu sauberen Rispen gebunden, als farbiger Zopf verschlungen oder mit Strohblumenblüten verziert, warten Berge von Zwiebeln auf Käufer. Vom Frauenplan, wo das Goethehaus steht, bis zur Esplanade am Schillerhaus und rings um den Markt reihen

Weimarer Zwiebelkönigin 1992 und 1993.

sich Stände und Buden. Dann strömt ein unwiderbringlicher Duft durch die Gassen und Plätze. Denn auch Dillkraut und Majoran, Einlegegürkchen und Zwetschen, Sonnenblumen und Dahlien, Sellerieknollen und was sonst noch der Garten zur Herbsternte hergibt, gehören zum Angebot. Nicht zu vergessen die vielen kulinarischen Leckerbissen. Schon bald nach dem Bockbieranstich der einheimischen Ehringsdorfer Brauerei, der gegen 7 Uhr erfolgt, steigt der erste Dampf von Thüringer Bratwürsten auf, die zischend über dem Holzkohlenrost gewendet werden, während an einem anderen Stand ofenfrischer Zwiebelkuchen verteilt wird, dessen Größe wieder rekordverdächtig ist. Schon einmal gelang den Weimarern anläßlich des Zwiebelmarktes eine Eintragung ins Guinness-Buch der Rekorde, als sie im Jahre 1992 den längsten Zwiebelzopf der Welt – Rapunzel gleich – aus ihrem Rathaus hingen. Apropos Zwiebelzopf:
Auch Johann Wolfgang Goethe hat sich alljährlich mit den längsten Rispen der siebenhäutigen Knollen eingedeckt. Wir wissen dies unter anderem von seinem Freund Karl Friedrich Zelter, der im Jahre 1827 an seine Tochter folgendes schrieb:

Strohblumensträuße vor dem Cranach-Haus am Markt.

Zwiebelstände auch in der Nähe des Schillerhauses.

„Heute ist hier das große weimarische Landesvolksfest, der Zwiebelmarkt ...
Zu allen Toren der Stadt kamen heute ... große Fuhren von Zwiebeln ..., die an beiden Seiten
des Frauenplans, an der Straße und der Esplanade appetitlich ausgelegt sind. Die blanken Zwiebeln sind an
langen Fäden wie Perlschnüre aufgezogen und nehmen sich gar artig aus. Goethe ließ davon für 14 Pfennige
für das ganze Jahr einkaufen und hing sie an seinem Fenster patriotisch auf, was einiges Aufsehen machte ..."

Unter'm Planwagen.

Strohblumen und Zwiebelzöpfe, wohin man auch schaut.

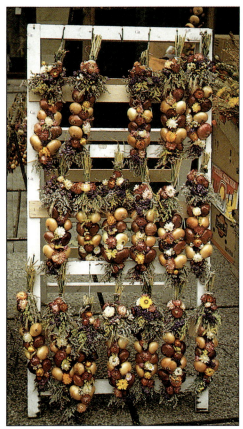

Wie alt die Tradition des Weimarer Zwiebelmarktes ist, darüber läßt sich streiten. Seinen Ursprung hat er vermutlich in einem ganz gewöhnlichen Obst- und Gemüsemarkt, wie sie auch in anderen Städten abgehalten wurden. Im Jahre 1653 tauchte zum ersten Mal der Begriff eines *„Viehe- und Zippelmarctes"* auf – in einem Schreiben des Stadtrates an den Herzog Wilhelm von Sachsen. Der Landesherr ordnete seinen *„itzigen"* Untertanen an, daß *„des Sontags aber alle feilhabung eingestellet werde"*. Dies verkehrte sich in späteren Jahrhunderten, wie wir wissen, ins Gegenteil, als man für dieses Fest immer ein Wochenende im Oktober auswählte.

Daß jedoch der Weimarer Zwiebelmarkt eine überregionale Bedeutung erlangen sollte, dafür sorgten nicht zuletzt die *Heldrunger Gemüsebauern*. Sie nahmen alljährlich den langen Anfahrtsweg in Kauf, um die Früchte ihrer harten Arbeit in Weimar feilzubieten. Dabei karrten sie anfangs ihre Zwiebeln nur in ganz gewöhnlicher Aufmachung, also in Säcken und Körben heran, bis wohl einer von ihnen auf die Idee kam, die Früchte in dekorativ geflochtenen Zöpfen anzupreisen. Und weil das Beispiel Schule machte und sich viel besser in klingender Münze auszahlen ließ, wurden die geflochtenen Zwiebelrispen schon bald zu den gefragtesten Artikeln des Zwiebelmarktes. Weimar war damit um eine Attraktion reicher, und der Markt von auswärtigen wie einheimischen Gästen stets gut besucht. Er wurde jahrhundertelang abgehalten. Nur Kriegszeiten unterbrachen die Tradition.

Seite 128 unten: Streichkonzert von Studenten der Franz-Liszt-Hochschule.

Längst haben die einst so begehrlichen Zwiebelzöpfe von ihrer Kostbarkeit verloren. Wer weiß schon noch den wahren Wert einer geflochtenen Zwiebelrispe zu ermessen? Wer ahnt noch, wieviel Arbeitsgänge der Heldrunger Bauern vonnöten sind, wenn erst die Zwiebeln mühsam geerntet, getrocknet, gesiebt, sortiert und geputzt werden müssen, bevor sie mit extralangem Roggenstroh, das von Hand mit dem Flegel ausgedroschen werden mußte, freihändig von unten nach oben – verschiedenfarbig, drei oder vierkantig – geflochten werden? Dennoch ist und bleibt die siebenhäutige Königin in jedem Herbst drei Tage lang für Zehntausende Besucher Objekt der Begierde.

Herbstwanderung.

Seite 127: Sogar der Eingang zum Goethehaus ist mit Zwiebelzöpfen drapiert.

Martinstag

*Bei fetter Gans und
Saft der Reben,
laßt den Heiligen Martin
leben.*

Sprichwort

Im November in Thüringen:
Der Martinstag

„Sankt Martin kommt auf einem Schimmel geritten", lautet eine alte Bauernregel, weil am 11. November oft der erste Schnee fällt. Dieser Tag ist nach dem Heiligen Martin benannt und galt als Lostag für die Abgaben der Bauern. An ihm begannen aber auch die Vorbereitungen auf das Weihnachtsfest.

Seit dem 5. Jahrhundert fastete man von dieser Zeit an für drei Wochen. Erst mit dem Gregorianischen Kalender wurde die vierwöchige Adventszeit eingeführt. Noch lange davor, in vorchristlicher Zeit, weihten die Germanen diesen Tag ihrem Gott Wotan, dem sie bei üppigem Festmahl und Trinkgelage ein Herbstopfer brachten. Doch mit der Eroberung Thüringens durch die Franken bürgerte sich zunehmend auch die Verehrung des Heiligen Martins in Thüringen ein. An ihn erinnern eine Reihe von Martinsbräuchen. Um so mehr interessiert uns seine Geschichte:

Der Heilige Martin

Martinus wurde um 316 in Ungarn geboren, in Italien erzogen und schon im Alter von 15 Jahren ins römische Heer gesteckt. In dieser Zeit ereignete sich die legendäre Mantelteilung: In Amiens, nördlich von Paris, teilte er in einer frostigen Winternacht seine *Cappa* mit einem frierenden Bettler.

Dazu muß man wissen, daß die Cappa ein großes wetterfestes Tuch war, welches die Soldaten auch zum Schlafen als Decke auf den Boden legten. Sie galt zu Zeiten Kaiser Konstantins als wichtigster Kleidungsgegenstand eines Soldaten und damit eigentlich zur unveräußerlichen militärischen Ausrüstung. Das Mantelstück des heilig gesprochenen Martins wurde zur Reichskleinodie der fränkischen Könige. Auf jene Cappa gehen noch heute die Begriffe *Kapelle* als Ort der Heiligenverehrung sowie das Wort *Kaplan* zurück.

Martinus wurde nicht nur seiner Menschenfreundlichkeit wegen, sondern auch als Missionar und Wunderheiler verehrt. Er führte ein Einsiedlerleben, bis ihn im Jahre 360 Bischof Hilarius als seinen Nachfolger nach Poitiers rief. Die Legende erzählt, daß Martinus dieses Amt nicht annehmen wollte und sich darum im Gänsestall versteckte. Doch eine Gans hatte ihn durch ihr lautes Schnattern verraten, so daß er nicht umhin kam, das Amt anzunehmen.

Nun selbst zum Bischof gewählt, gründete Martinus das berühmt gewordene Kloster in Tours, wo er unermüdlich – bis zu seinem Tode am 11. November des Jahres 397 – wirkte. Den Tag seiner Grablegung erklärte im 7. Jahrhundert Papst Martin für die ganze Christenheit zum Feiertag. Und der Heilige Martin wurde damit endgültig zum Schutzpatron der Franken. Mit der Vergrößerung des Frankenreiches nahm auch seine Verehrung zu. So tragen auch etliche Kirchen in Thüringen seinen Namen.

Seite 130: Alljährlich strömen Tausende Erfurter zu Martini auf den Domplatz.
Seite 131: Der Heilige Martin – Fresko im Erfurter Dom.
Bild unten: Martin, wie er seinen Mantel teilt: an der Heiligenstädter Martinskirche.

Der Abgabetag mit der Martinsgans

Seit den Zeiten Karls des Großen galt der 11. November auch als ein wichtiges juristisches Datum. Am Martinstag mußten seitdem, wie bereits gesagt, die Untertanen nach Einbringung der Ernte ihre Zehnten abliefern und sonstige Schuldgelder, „Weingefälle" oder andere Pachtzinsen zahlen. Martini galt bald allerorts als Zahltag.

Er wurde darum auch im Volksmund „*der harte Mann*" genannt.

Bis ins Mittelalter wurden die Abgaben zumeist in Form von Naturalien entrichtet. Dazu gehörten auch die um diese Zeit besonders fetten Gänse. Selbst die Lehrer und Pfarrer im Dorf bekamen um diese Jahreszeit für ihre Dienste eine Martinsgans oder zumindest ein großes Wurstpaket von der Gemeinde geschenkt. Man sagt, daß die schnatternden Tiere – quasi als Vergeltung für ihre verräterischen Vorfahren – immer wieder neu im November ihre Federn lassen müßten. Doch gewiß würde es den Gänsebraten auch ohne diese Geschichte geben. Vielerorts galt er mit einer ersten Probe des heurigen Weins als das letzte große Festessen vor Weihnachten, zu dem auch mit folgendem Winzerspruch angestoßen wurde: „Post Martinum bonum vinum".

Bild unten links:
„Ich geh' mit meiner Laterne".

Verse, Sprüche & Reime

Martinsgans

Ihr Stimm ist hell,
Der Hals ist lang
Wie ihr Gesang:

Gickgack, gickgack,
Gickgack, gickgack,

Wir singen am
St.-Martins-Tag.

Aus: „Des Knaben Wunderhorn".

Auftakt winterlicher Schlachtfeste

In manchen Gegenden Thüringens hingegen war der Martinstag auch der Auftakt der winterlichen Schlachtzeit. Noch bis in die 50er Jahre dieses Jahrhunderts versorgten sich nahezu alle Thüringer Familien in den Dörfern durch das Schlachten eines selbstaufgezogenen Schweines selbst. Dann kam nach Martini, wenn es so richtig frostig draußen wurde, der Metzger ins Haus. Sein Werkzeug brachte er gleich mit: den Schlagbolzen, etliche Messer, Sägen und Schabeglocken, den Fleischwolf und eine Stopfmaschine.

Das Schlachtfest war in Thüringen immer ein erfreulicher Höhepunkt im Alltagsleben einer Bauernfamilie. Da wurden auch viele mithelfende Freunde gebraucht, besonders beim Wurstmachen, wenn es galt, die „Schlenkerla" mit Leberwurstmasse oder Gehacktem zu füllen, die beliebten Thüringer Bratwürste herzustellen oder ein paar Schweineblasen mit Blutwurst zu stopfen. Was nicht in die Därme paßte, wurde in Einweckgläser gegeben und diente als Vorrat bis ins nächste Jahr.

Wer nicht beim Schlachtfest dabeisein konnte, dem schickte man am nächsten Tag eine Kanne mit Fleischbrühe und andere Kostproben, meist bestehend aus frischem Wellfleisch und ein paar kleinen Würsten, ins Haus. Natürlich fanden sich zu solchem Anlaß im Dorf auch immer ein paar „Schnorrer" ein. Sie sagten ihre Heischeverse auf oder sangen. Dann blieben sie solange vor der Tür stehen, bis sie mit einer gefüllten Schüssel belohnt wurden.

Die Martinsfeier

Heische-Umgänge, bei denen weniger eine frischgeschlachtete Wurst erwartet wird, eher Kuchen (wie die mit einer süßen Füllung versehenen Martinshörnchen), Schokolade, Plätzchen, Bonbons, Äpfel, Nüsse oder Geld gehören auch heute noch in die feste Tradition des Martinstages. Solches „Heischen", „Schnurren" oder auch

Bild unten rechts:
Martinifeier im Erfurter Dom.

Zum Martinstag in Erfurt.

Verse, Sprüche & Reime

Ein feste burg ist unser
   Gott,
Ein gute wehr und waffen,
Er hilft uns frey aus aller
   not,
Die uns itzt hat betroffen,
…

Martin Luther, 1529

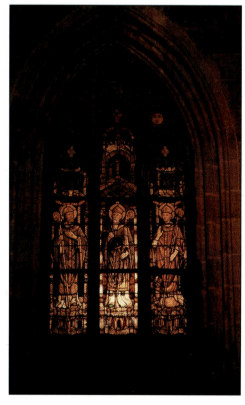

„Schörzen" gesteht man den Kindern zu, wenn sie im Trupp von Tür zu Tür ziehen und für ihren Gesang belohnt werden wollen. Dazu tragen die Mädchen und Jungen meist Papierlaternen – ganz selten noch ausgehöhlte Kürbisse – umher und singen Lieder wie *„Laternchen, Laternchen, Sonne, Mond und Sternchen"* oder *„Ich gehe mit meiner Laterne und meine Laterne mit mir"*.

Der Geburtstag des Reformators Martin Luther

Sonderbarerweise haben sich viele Bräuche des Martinstages nicht nur in den katholischen Gegenden erhalten, wie beispielsweise im Eichsfeld. Martini wird auch von den Protestanten am Vorabend des 11. November gefeiert. Und dies hat seinen Grund im Reformator Martin Luther, der wichtige Lebensjahre in Erfurt und Eisenach verbrachte. Er wurde am 10. November des Jahres 1483 geboren und erhielt seinen Vornamen nach dem Heiligen. Heute feiern die evangelischen Kirchgemeinden sein Andenken. Und in vielen Thüringer Gegenden, wo beide Konfessionen vertreten sind, einigte man sich inzwischen zu einer gemeinsamen Feier. Seit 1972 gestaltet sich auch in der Landeshauptstadt das Martinsfest am Vorabend des 11. 11. zu einer ökumenischen Begegnung.

Zum Martinstag durch Erfurt

Traditionsgemäß ziehen bei Einbruch der Dunkelheit Tausende Erfurter mit ihren Kindern zum Domplatz. Ihre Schützlinge tragen selbstgebastelte Laternen, aufgefaltete leuchtende Papiermonde oder buntgeringelte Lampions. Aus allen Straßen strömen die Menschen mit ihren Lichtern, mit denen sich rasch der große Platz

Erfurt: Ökumenische Begegnung auf den Domstufen zu Martini.

Bild rechts: Lichter in der Novembernacht.

unter den hochaufragenden Türmen des Erfurter Doms und der Severikirche füllen. Die alljährliche Martinsfeier beginnt mit dem Läuten der Glocken. Dem folgt die Predigt von den hell erleuchteten Domstufen, bis eines von den bekannten Kirchenliedern angestimmt wird, das viele Menschen mitsingen. Besonders werden die zahlreich erschienenen Kinder angesprochen. Sie schwenken zum Abschluß der Veranstaltung ihre Laternen. Dann klingt das Fest mit einem Posaunenblasen aus, dem sich ein mehrstimmiges Glockenläuten anschließt. Meist ist dann auch Erfurts berühmteste und schwerste Glocke, die 1497 gegossene, über 11 000 Kilogramm schwere „Gloriosa" zu hören, die ein holländischer Meister einst für die Glockengießerstadt Erfurt fertigte.

Allmählich entfernen sich die Besucher mit ihren Lampions vom Domplatz und verteilen sich glühwürmchengleich in die heimführenden Straßen. Hin und wieder ist außer den Monden und Sternen auf einer Laterne auch das Bild des Heiligen Martins zu sehen, wie er seinen Mantel mit einem frierenden Bettler teilt.

Tausende Kinder tragen so mit ihrem symbolischen Licht in Erfurt die Tradition des Martinstages weiter fort.

Weihnachtsbräuche

Von drauß' vom Walde komm ich her;
Ich muß euch sagen, es weihnachtet sehr!
Allüberall auf den Tannenspitzen
Sah ich goldene Lichtlein sitzen ...

Theodor Storm, Knecht Ruprecht

Der Festkreis schließt sich:
Weihnachtsland Thüringen

Vieles von dem, was landauf, landab Weihnachten bereichert und zu dem innigen Fest werden läßt, das uns seit der Kindheit vertraut ist, kommt aus Thüringen. Man denke sich nur für einen Augenblick all das weg, was in dem vielzitierten „grünen Herzen" seinen Ursprung hat – und das Erschrecken wäre groß: Denn dann fehlte ja nicht allein der gläserne Christbaumschmuck an den Weihnachtsbäumen, die ihre Wurzeln in den Wäldern am Rennsteig zurücklassen mußten, damit würziger Tannenduft zum Fest durch unsere Stadtwohnungen weht. Es gäbe auch das Spielzeug nicht, weder die Schaukelpferde und Stehaufmännchen, noch die Puppen und Plüschtiere; auch die Puppenküche der Großmutter, die nun bald schon unser Enkelchen braucht, wäre nicht da. Und vor allem müßten wir auf so viele Oratorien, Lieder, Erzählungen und Gedichte, mit denen wir so selbstverständlich aufgewachsen sind, verzichten.

Was von Thüringen für die Weihnachtszeit in die Welt hinausgeht, wußte der dänische Dichter Martin Andersen-Nexö, der einige Zeit in Finsterbergen bei Gotha gelebt hatte. „*Es scheint, als kenne im Thüringer Wald groß und klein nur allzu gut die düstren Winkel des menschlichen Gemüts und habe sich zum Ziel gesetzt, Licht hineinzutragen*", schrieb er. Seine Erzählung „*Die Puppe*" enthält ein Loblied auf den Thüringer Wald: „*Wie eine Welt für sich liegt er da, hoch unter den Himmel emporgehoben, erdrückend düster oder festlich in weißen Schnee gekleidet, und scheint alles von des Himmels Zorn und des Himmels Gnade zu haben*", heißt es dort und meint wohl mit letzterem auch die überreichen Schätze der Musik, die gerade aus diesem Landstrich kommen.

So mancher, der das Lied „*Vom Himmel hoch, da komm' ich her*" singt, weiß nicht, daß es 1535 niemand anders als Martin Luther verfaßte. Der Reformator hatte viele entscheidende Jahre seines Lebens in Thüringen gelebt. Gemeinsam mit dem Komponisten Johann Walther aus Torgau schuf er auch „*Süßer die Glocken nie klingen*" und zahlreiche andere Kirchenlieder. Walthers Schüler Michael Praetorius (1571–1621) aus Creuzburg an der Werra, einer der produktivsten Musiker seiner Zeit, schrieb den schlichten, eindringlichen Quartettsatz „*Es ist ein Ros entsprungen*", und der hochberühmte Heinrich Schütz (1585–1672) aus

Köstritz komponierte im hohen Alter sein Weihnachtsoratorium. Ganz und gar undenkbar aber ist das Fest ohne die kraftvoll-barocke Tonkunst des „*Urvaters der Harmonie*", der am Fuß der Wartburg geboren wurde: Johann Sebastian Bach (1685–1750). „*Jauchzet, frohlocket! Auf preiset die Tage!*", so klingt und schallt und triumphiert sein Weihnachtsoratorium in vielen Kirchen vor dem Fest.

Seite 138: Tief verschneit zeigt sich der Rennsteig bei Neuhaus.

Seite 139: Unsere Vorfahren hängten den Weihnachtsbaum an die Decke.

Geht man von der Musik zur Dichtkunst, kann man gleich in Weimar bleiben, wo Bach als Hoforganist und Kapellmeister wirkte, bis er 1717 stürmisch um seine Entlassung bat. In der Residenz an der Ilm schrieb der Geheimrat Johann Wolfgang Goethe mehr als hundert Jahre danach sein Gedicht „Weihnachtsabend":

„Bäume leuchtend, Bäume blendend,
liebevoll das Süße spendend,
In dem Glanze sich bewegend,
Alt und junges Herz erregend ..."

Es gilt als eine der frühesten literarischen Darstellung des Weihnachtsbaumes. Zuvor hatte Goethe schon in seinem Briefroman „Die Leiden des jungen Werthers" den aufgeputzten Baum „mit Wachslichtern, Zuckerwerk und Äpfeln" erwähnt.

Das wohl bekannteste deutsche Weihnachtsgedicht aber stammt von Theodor Storm, der 1856 nach Heiligenstadt kam, wo er acht Jahre blieb. Bittet man jemanden darum, spontan den Anfang irgendeines Gedichtes zur Weihnachtszeit vorzutragen, dann wird gewiß das vom „Knecht Ruprecht" zu hören sein.

Theodor Storm, der als Kreisrichter arbeitete, schrieb in Heiligenstadt neben anderen Novellen vor allem wohl aus Sehnsucht nach seinem heimatlichen Husum, der *grauen Stadt am grauen Meer,* die bekannte Weihnachtsgeschichte „Unter dem Tannenbaum".

Der Dichter, der das Fest mit Frau und Kindern stets liebevoll vorbereitete und zu einem Höhepunkt werden ließ, schrieb im ersten Weihnachtsbrief aus der Stadt im thüringischen Eichsfeld an seine Eltern:

„... *Den Vormittag war ich stundenlang auf den Bergen in den Wäldern herumgeklettert, um die Tannenäpfel zu suchen. Ja, Ihr hättet mich sogar in meinem dicken Winter-Sürtout hoch oben auf einer Tannenspitze sehen können. Freilich hatte ich mich vorher gehörig umgesehen; denn der Herr Kreisrichter durfte sich doch nicht auf ganz offenbarem Waldfrevel ertappen lassen."*

Es muß wohl etwas auf sich haben mit dem Weihnachtsland Thüringen, wie dieser kleine Streifzug im Stenogramm gezeigt hat.

Seite 140: Ein Schneemann im Fichtenwald bei Neuhaus.

Oben: Zum Weihnachtsmarkt auf dem Erfurter Domplatz.

Lauschaer Glaskugelmarkt:
Christbaumschmuck & Lichterglanz

Ein Weihnachtsbaum ohne Schmuck ist wie ein Winter ohne Schnee. Gern fahren wir darum in der Vorweihnachtszeit hinauf in den Thüringer Wald, nach Lauscha, wo man in der Mitte des 19. Jahrhunderts den gläsernen Baumbehang erfand. Hier ist auch heute noch das Blasen von gläsernen Gefäßen, Figuren und Kugeln, Glöckchen, Tieren und Christbaumspitzen Brauch. Der Ort lebt vom Glas – seit 1597, als Hans Greiner und Christoph Müller im Tal des Lauschabaches eine Glashütte errichteten und mit ihren Familien auch für zahlreiche Nachkommenschaft in der Glasmachersiedlung sorgten. Sobald sich Mitte des 18. Jahrhunderts mit der Einführung der sogenannten „Lampenarbeit" neue Möglichkeiten der Weiterverarbeitung von in der Hütte gefertigten Glasstäben ergaben, war dies der Beginn einer umfangreichen Heimindustrie. Bald wurden in Lauscha und Umgebung Glasperlen und Murmeln, verblüffend echt aussehende Tier-, Puppen- und Menschenaugen sowie technische Gläser und Fasern hergestellt. Auch bildete sich als ein Zweig der Kunstglasbläserei das Anfertigen von Christbaumschmuck heraus, der durch die Vermittlung Sonneberger Spielwa-

Seite 142 oben: Auf dem Hüttenplatz die Stände mit Christbaumschmuck.

Seite 142 unten: Auf dem Lauschaer Glaskugelmarkt.

renverleger seinen Siegeszug ins Ausland antrat. Bereits im Jahre 1872 hatten sich in Lauscha 52 Familien der Kunstglasbläserei verschrieben. Und noch heute hört der Besucher, der durch den Ort geht, aus so manchem Haus ein gleichmäßiges Rauschen. Es rührt von dem Sauerstoff her, der den Druckflaschen entströmt, wenn die Glasbläser ihre Erzeugnisse „vor der Lampe" blasen.

Blick aus dem Lauschaer Glasmuseum.

Glas, durchscheinend oder milchig, kantig oder filigran, paßt in diese Gebirgslandschaft aus Schnee, Licht und schneidendem Frost. Wer einmal zur Winterszeit in Lauscha war, bekommt eine Ahnung davon, warum gerade von hier die Tradition des glitzernden, zerbrechlichen Christbaumschmuckes in alle Welt ging.

Rauh streicht der Wind ins Gesicht. Er hat Schneewehen in die Landschaft geformt und die Bäume mit Reifnadeln verziert. Die Straßen, die von der Anhöhe zum Hüttenplatz hinab nach Lauscha führen, sind rutschig und eng zwischen dem zu beiden Seiten aufgetürmten Schnee. Verschachtelt und eingemummt stehen die dunklen Häuser im Tal. Sie schmiegen sich an die verschneiten Hänge und um die Kirche beim alten Hüttenplatz. Ihre Dächer aus Schiefer sind weißbemützt und glitzern in der Mittagssonne. Eisnasen tropfen von den Dächern.

Auch das Glasmuseum hat der Frost mit Zapfen verziert, als seien sie von „Väterchen Natur" extra dafür „geblasen" worden. Wir sind nicht die einzigen, die während des traditionellen Glaskugelmarktes auf dem Lauschaer Hüttenplatz auch das Museum für Glaskunst besuchen. Eine Schulklasse drängt zum Eingang. Urlauber stellen ihre Ski ab. Mit uns dringt Kälte in den modern gestalteten Eingangsraum. Drinnen empfängt uns Wärme und ein Hauch aus vergangener Zeit.

In den Vitrinen sehen wir etwas aus den Anfängen der Glasherstellung: Balsamfläschchen aus grünlichem „Waldglas", Butzenscheiben und Trinkgläser mit Emailmalerei, Perlenketten und Glasfiguren. Auch wenn einige von ihnen den Hang zum Niedlichen haben, so zeugen sie doch von der Kunstfertigkeit und Liebe, mit der sie von den einheimischen Glasbläsern hergestellt wurden.

Ein Diorama versetzt uns in die Atmosphäre, als die alte Dorfglashütte am Hüttenplatz noch stand, welche seit dem 16. Jahrhundert bis ins Jahr 1905 auf die gleiche Weise produzierte. Während wir anschließend die Glashütte besichtigen, die nur während des Glaskugelmarktes ihre Pforten für das Publikum geöffnet hat, können wir erahnen, wie es damals war, wenn die Hüttner vor ihren Glashäfen standen.

Gespannt betreten wir die Produktionshallen. In der Nähe der Öfen ist es wohlig warm. Hemdsärmlig verrichten die Hüttner ihre Arbeit. Sie werden von den kleinen, weißlich glühenden Sonnen in den „Glashäfen" angestrahlt, wo das Gemenge des künftigen Glases zum Schmelzen gebracht wird. Mit ihren Glasmacherpfeifen, langen dünnen Eisenrohren, ziehen sie aus dem brodelnden Glasbrei rotglühende Kuppen, die sich aufblasen lassen zu gläsernen Birnen und Bällen. Sie bilden die Rohform für künftige Vasen und Gefäße, farbige Schmuckkugeln und gläserne Plastiken. Dazu müssen sie jedoch gleichmäßig gedreht und von nassen Holzlöffeln geformt werden.

Dies alles geschieht vor den Augen der Besucher. Manchmal darf sogar ein Kind in eine der Pfeifen hineinpusten. Ein Arbeiter hilft beim ständigen Drehen, soll die warme Glasblase nicht wie ein zäher Honigbatzen zu Boden klatschen.

Ein paar Häuser weiter können wir miterleben, wie früher das Anfertigen von Christbaumschmuck vor sich ging. Die Herstellung der funkelnden Kugeln, die den Lichterbaum seit dem 18./19. Jahrhundert zieren, war nur ein Saisongeschäft. Monatelang wurde in beinahe jedem Haus vor dem Fest vom zeitigen Morgen bis in die späten Abendstunden Glas zu Kugeln oder zu Glöckchen geblasen. Wie dies in den Lauschaer Wohnstuben geschah, hat *Alfred Böhm* aus eigenem Erleben beschrieben:

„Wenn wir Kinder des Morgens zur Schule geweckt wurden, empfing uns schon das Rauschen der Gebläse und das klirrende Klappern des Glases, wie es uns dann auch am späten Abend in das Schlafzimmer und in die Träume begleitete. Am Blasetisch, im Ortsidiom nur ‚Bolg' genannt, welcher an der einen Zimmerwand stand, saß Vater, an den Seiten des Blasebalgs links ein Lehrling und rechts ein Geselle (die Bezeichnungen Meister und Geselle waren zwar gang und gäbe, obwohl es dafür damals keine entsprechenden Prüfungen gab). Auf dem Blasetisch häuften sich die von den dreien geblasenen Stücke.
An der Fensterseite der Stube stand an der Wand eine hölzerne Bank mit Lehne und vor dieser ein großer Arbeitstisch, welcher zu

Oben: So entsteht in Lauscha Hüttenglas.
Unten: Stilleben am Glashafen in der Hütte.

Winterkälte macht Appetit auf eine heiße „Broudwörscht".

Unten: Lichterglanz am verschneiten Straßenrand.

den Mahlzeiten, die von allen gemeinsam eingenommen wurden, auch als Eßtisch diente.

Wenn nun die von den Männern geblasenen Kugeln und anderes versilbert wurden, stand auf zwei Stühlen vor dem Tisch die ‚Verspiegelwanne', an welcher zwei Frauen mit dem Verspiegeln beschäftigt waren. Auf einem weiteren Stuhl daneben hatte ein ‚Nagelbrett' seinen Platz, auf dessen Nägel die frisch versilberten Erzeugnisse aufgesteckt wurden. Die so besteckten Bretter kamen dann zum Trocknen auf ein über dem eisernen Ofen an der Decke befestigtes Stangengestell. Waren die versilberten Artikel getrocknet, wurden sie von den Frauen nun am Tisch in Farbe getaucht und auch, je nach Art des Artikels, entsprechend bemalt. Alle diese Arbeiten wurden unter lebhaftem Gespräch oder auch bei frohem Gesang ausgeführt."

Sobald die Glaskugeln in Kartons verpackt waren, brachten die Frauen die leicht zerbrechliche Ware hoch aufgetürmt in ihren Kiepen zum Verleger, der den Weiterverkauf in die Hände nahm. Von hier gelangten die gläsernen Kunstwerke einst auch in die Weihnachtsstuben unserer Kindheit. Damals fragten wir nicht nach der Herkunft des mundgeblasenen Vögelchens, das man als Kind ganz besonders mochte, oder nach der des versilberten Tannenzapfens, den man später versehentlich zerschlug. Beim Betrachten vieler festlich geschmückter Weihnachtsbäume werden all diese verlorengeglaubten Erinnerungen an eigene Kindertage am Heiligabend wieder wach:

Schon seit dem Vortage durften wir Kinder nicht mehr die *Gute Stube* betreten. Ihr entströmte der geheimnisvolle Duft nach Tannengrün, der von dem Baum herrührte, den die Eltern schmückten. Längst waren wieder die Kartons vom Boden geholt, die – in Seidenpapier übers Jahr sorgsam verpackt – die glitzernden Kugeln und die Christbaumspitze mit den versilberten Glöckchen verwahrten. Wir hörten es rascheln und flüstern und konnten es kaum erwarten, bis das Christkind mit seinem Geläut zu den Geschenken rief. Manchmal lunsten wir am Schlüsselloch und erspähten schon auf der Kommode gegenüber die verzierten Zweige des Weihnachtsbaumes, der mit gläsernem Schmuck und Holzspielzeug geschmückt wurde. Sobald die Kerzen entzündet waren und ihren warmen Schein ins Zimmer warfen, läutete es. Und wir Kinder durften ins Weihnachtszimmer.

Die Feuer vom Antoniusberg:
Ein Weihnachtsbrauch in Schweina

Wenn am Heiligabend in Schweina, einem Dorf am Südwesthang des Thüringer Waldes, die Dämmerung anbricht, zieht der Antoniusberg viele Besucher in seinen Bann. Dann pilgern die Menschen zu der kahlen Kuppe und warten auf den spannenden Augenblick, wenn die Weihnachtsfeuer von den baumhohen Fackeln entfacht werden. Sie recken unter staunendem Ah und Oh ihre Hälse und schauen, wie die Flammen erst züngelnd, dann prasselnd an den reisigumwickelten sechs bis acht Meter hohen Fichtenstämmen emporsteigen. Immer höher kriecht das blakende Feuer. Es hinterläßt in der Kälte des Dezembertages rauchende Säulen und einen ungewöhnlich hellen Schein. Funken sprühen als glimmende Teilchen auf die Erde, während die Lichtkegel der brennenden Säulen den Horizont erhellen. Weit strahlen die Feuer ins Land. Vom Ort her ertönt ein Posaunenchor. Allmählich brennen die meterlangen „Bergzigarren" herab, und die Glocken der Laurentiuskirche läuten die Christvesper ein.

Die Menschen gehen wieder ins Tal hinab, besuchen das Krippenspiel oder sehen der Bescherung entgegen.

Für viele Schweinaer ist ein Christfest ohne das traditionelle Antoniusfeuer kaum denkbar, trägt es doch den Versammelten Wärme und Freude – und damit die rechte Weihnachtsstimmung – ins Herz. Seltsamerweise ist dieser für Thüringen ungewöhnliche Brauch am Tage der Geburt Jesu heidnischen Ursprungs. Und dies hat mit der Entstehung von Schweina und seinem Schutzheiligen Antonius zu tun:

Der Name des Ortes läßt sich recht plausibel vom *„sueinaha"*-Bach

*Seite 146: Mit „Gabelscheren"
richten die zahlreichen Helfer die Stämme auf.*

*Unten: Rasch beginnen die mit Reisig
umwickelten Stämme zu lodern.*

(Schweinabach) ableiten. Schon im Jahre 933 wurde die Schweinehirten-Siedlung unter Heinrich I. urkundlich erwähnt. Bodenfunde beweisen, daß bereits seit der Steinzeit hier Menschen gelebt haben müssen, die im Urglauben an die Naturgewalten eine Reihe von heidnischen Bräuchen pflegten. Auf dem Gipfel des später so benannten Antoniusberges soll eine Kultstätte gewesen sein – bis Bonifatius im Jahre 724 die hier wohnenden Menschen zum Christentum bekehrte. 1183 errichteten die Schweinaer – so jedenfalls steht es in der Papstbulle von Lucius III. geschrieben – eine Kapelle. Sie wurde dem Schutzpatron der Haustiere und der Hirten, dem Heiligen Antonius, geweiht.

Dennoch lebte der heidnische Brauch der Winteraustreibung, den die Hirten alljährlich zur Wintersonnenwende feierten, fort. Damit wurde in der längsten Nacht des Jahres, die auch „Nacht der Mutter" genannt wird (weil man sie als die Mutter des neuen Jahres ansah), Freudenfeuer entzündet, bis der neue Tag (und damit das neue Jahr) anbrach. Auch schwenkte man brennende Fackeln und brennende Besen zur Vertreibung der bösen Geister.

Um den Brauch, der einst am 21. Dezember stattfand, auch in der christlich gewordenen Gemeinde weiterfeiern zu können, vertagte man den eigentlichen Anlaß um drei Tage und legte ihn auf die Niederkunftsnacht der Mutter Maria. Mit dieser neuen Legitimation feiert man die „Weihenacht" mit den hexenähnlichen, alles Böse vertreibenden Feuern in Schweina noch heute. Auf diese Tradition, so wird erzählt, verzichtete man nicht einmal in Notzeiten.

Schon lange vor dem Fest, bereits Ende November, beginnen die ersten Vorkehrungen für diese Feier. Während man früher heimlich die ausgedienten Reisigbesen von den Gehöften mopste, um sie an den Fichtenstämmen der künftigen Fackeln zu befestigen, muß sich nunmehr jeder Schweinaer Verein seit Ende November daran machen, dürres Reisig im Wald zusammenzusuchen, das mit Draht in zwei bis drei Schichten (bis zu einem Meter Dicke) um die Bäume gewickelt wird.

Die so vorbereiteten meterlangen „Fackeln" werden am 23. und 24. Dezember mit Traktoren und Fuhrwerken auf den Antoniusberg gebracht und dort mit viel Schweiß und Mühen aufgestellt. Nicht selten zieren dann fünfzehn bis zwanzig solcher derart umwickelten „Zigarren" den kahlen Gipfel.

Mit Anbruch der Dämmerung finden sich die Schweinaer und ihre Gäste ein. Und während man sich die Zeit des Wartens mit Weihnachtsliedern und dem Genuß von Glühwein verkürzt, steigt die Spannung auf das alljährliche Naturschauspiel. Und wenn gegen siebzehn Uhr die ersten Flammen vom Gipfel aufzucken, lebt alljährlich die Freude auf, die im thüringischen Schweina auf ganz eigentümliche Weise das Fest von der Geburt Jesu mit einem Heidenfeuer verschönt.

*Seite 148, linkes Bild:
Beim Aufrichten
der „Bergzigarren"
auf dem Antoniusberg
von Schweina.*

*Die „Antoniusfeuer"
von Schweina
aus der Ferne.*

*Zum Krippenspiel
geht man
am Heiligabend,
in die Laurentiuskirche.*

Verse, Sprüche & Reime

WALTHER VON DER VOGELWEIDE

winterqualen

*Bunt lag die welt und leuchtend da
grün feld und wald, wohin man sah
die vögel sangen tirila
nun krächzt der rab sein heisres krah*

*grau ward die buntheit – was geschah
die welt verwandelt? leider ja
und das geht manchem leidlich nah*

*Wie saß ich einst auf grüner höh
die blumen sprossen, gras und klee
dort auf der weide um den see
du schöne augenweid ade*

*wo wir die kränze wanden, seh
ich nur mehr rauhreif, eis und schnee
der tut den kleinen vögeln weh*

*Ein narr meint: eis hat poesie
die armen zwingt es in die knie
mir ist das herz so schwer wie nie
drei wintersorgen hab ich, die*

*ertrag ich nur mit ironie
wär bloß der sommer bald schon hie
mit seiner lieben szenerie*

*Ich lebe nicht mehr länger so
da eß ich lieber krebse roh
nun komm schon, sommer, mach mich froh
verzier im wald und anderswo*

*prächtig mit blumen das plateau
mein herz, es lodert lichterloh
der winter scheucht es auf das stroh*

*Wie esau pfleg ich meiner ruh
hab borsten wie von einer kuh
mein süßer sommer, wo bist du?
wie gern säh ich beim pflügen zu*

*wenn ich noch lange, wie ichs tu
in meiner klemme säß, im nu
würd ich ein mönch in toberlu*

Saaleck: Der Winter als „Zuckerbäcker".

Literaturauswahl

AUTORENGEMEINSCHAFT: *Altensteiner Blätter*. Jahrbuch 1992. Hersfeld 1992

AUTORENGEMEINSCHAFT: *Thüringen, ein Reiseverführer.* Rudolstadt, 2. Auflage 1979

AUTORENGEMEINSCHAFT: *Der Pflüger.* Thüringer Heimatblätter. Jahrgänge 1924 bis 1932. Mühlhausen

AUTORENGEMEINSCHAFT: *Das Thüringer Fähnlein.* Monatshefte. Jahrgänge 1932 bis 1935

BECHSTEIN, LUDWIG: *Das malerische und romantische Deutschland/ Thüringen*, München, ohne Jahresangabe

BRANDT, DANIELA-MARIA: *Heilige Helfer für Winzer und Wein.* Würzburg 1993

EISENACHER PRESSE / VERLAGSBEILAGE (HRSG.): *Sommergewinn in Eisenach.* Eisenach 1993

GERBING, LUISE: *Sitten und Gebräuche in Thüringen.* Eisenach, Jena 1927

GYNZ-REKOWSKI: *Der Festkreis des Jahres.* Berlin. 2. Auflage 1985

HECKMANN, HERMANN (HRSG.): *Thüringen. Historische Landeskunde.* Würzburg. 2. Auflage 1990

HERRMANN, PAUL (HRSG. THOMAS JUNG): *Deutsche Mythologie.* Berlin 1992

KELLER, HILTGART: *Reclams Lexikon der Heiligen und der biblischen Gestalten.* Stuttgart. 7. Auflage 1991

KRAMMISCH, WOLFGANG / SCHNEIDER, WOLFGANG: *Thüringer Wald, Mit Ausflügen in das Thüringer Schiefergebirge.* Leipzig 1990

KÜHN, DIETRICH: *Sagen und Legenden aus Thüringen,* Jena 1990

LANDESZENTRALE FÜR POLITISCHE BILDUNG THÜRINGEN (HRSG.): *Thüringen, Blätter zur Landeskunde / Waidanbau und -handel in Thüringen.* Arnstadt 1992

LUTHARDT, ERNST-OTTO / PELLMANN, UDO: *Das große Thüringer Weihnachtsbuch.* Würzburg 1992

MENCHÉN, GEORG / SCHENKE, FRANK: *Romantische Reise durch Thüringen,* Leipzig 1985

MITTELDEUTSCHE ALLGEMEINE / VERLAGSBEILAGE (HRSG.): *Palmsonntag in Heiligenstadt.* April 1993

MOSER, HANS JOACHIM: *Musikgeschichte in 100 Lebensbildern,* Klagenfurt, ohne Jahresangabe

MOSZNER, KARL: *Thüringer Weihnachtsbräuche.* In: Weimarer Heimat, 2/1991

MÜLLER, HORST H. (HRSG.): *Thüringer Wald und Randgebiete,* Leipzig 1984

PAULSEN, GUNDEL: *Weihnachtsgeschichten aus Thüringen,* Husum 1992

QUENSEL, PAUL: *Thüringer Sagen.* Neuausgabe München 1991

REGEL, FRITZ: *Thüringen, ein geographisches Handbuch.* Jena 1894

SARTORI, PAUL: *Sitte und Brauch.* Teil 2. Leipzig 1911

SCHMALKALDER TAGESPOST / VERLAGSBEILAGE (HRSG.): *Bartholomäusmarkt in Schmalkalden.* 1993

SCHNEIDER, WOLFGANG: *Zwiebelmarkt in Weimar.* Weimar. Tradition und Gegenwart. Heft 17. Weimar 1971

SCHÖNFELDT, GRÄFIN SYBIL: *Das große Ravensburger Buch der Feste und Bräuche.* 9. Auflage 1993

SCHÜTTEL, HERMANN: *Heiligenstadt.* Der Stadtführer. Heiligenstadt 1992

SOLLICH, EVA: *Volkstanz – Sitte – Brauch.* Thüringen Teil 2. Leipzig 1988

SOMMER, VOLKER: *Feste, Mythen, Rituale. Warum die Völker feiern.* Hamburg 1992

STAHL, ERNST (HRSG. BEZIRKSKABINETT FÜR KULTURARBEIT): *Folklore in Thüringen.* Tänze, Sitten und Gebräuche. Erfurt 1979

STORM, THEODOR (HRSG. PETER GOLDAMMER): Sämtliche Werke in 4 Bänden./Band 1. Berlin und Weimar 1982

STRITTMATTER, ERWIN: *Ponny Pedro.* Berlin 1959

THÜRINGER ALLGEMEINE / VERLAGSSONDERBEILAGE (HRSG.): *Mühlhäuser Kirmes 1993*

THÜRINGER ALLGEMEINE / VERLAGSSONDERBEILAG (HRSG.): *Buttstädter Pferdemarkt 1992 und 1993*

TRÄGER, UWE: *Lebendiges Erbe.* Feste, Feiern und Bräuche im und um das Holzland. Gera 1984

UHLSTÄDTER ANZEIGER / SONDERDRUCK (HRSG.): Saale-Flößerzeitung. Mitteilungen zur Saaleflößerei von gestern und heute. Uhlstädt 1993

VOGELWEIDE, WALTHER VON DER (HRSG. HUBERT WITT): *Frau Welt, ich hab von Dir getrunken.* Gedichte. Berlin. 4. Auflage 1988

WÄHLER, MARTIN: *Thüringische Vaterlandskunde.* Jena 1940

WALTHER, KLAUS / GROSSE, GERALD: *Zwiebelmarkt und Lichterfest.* Bräuche, Feste, Traditionen. Halle- Leipzig 1983

WENIG, ERNST KARL: *Es sagt aus alten Tagen. Ein neues Thüringer Sagenbuch.* 2. Auflage, Rudolstadt 1990

WIESIGEL, ANNE UND JOCHEN: *Die schönsten Schlösser Thüringens.* Saalfeld / Bamberg 1991

WIESIGEL, ANNE UND JOCHEN: *Kunsthandwerk in Thüringen.* Rudolstadt 1989

WITZSCHEL, AUGUST: *Sagen, Sitten und Gebräuche aus Thüringen.* Band I und Band II. Wien 1878

WÖLFING, GÜNTHER: *Wasungen.* Stadtgeschichte, Sehenswürdigkeiten, Sagen. Jena 1992

Ein Wort danach:

Wir hoffen, Sie, liebe Leser, haben beim Anschauen und Lesen der Kapitel auf vergnügliche Weise Bekanntschaft mit Thüringer Traditionen schließen können. Für dieses Buch mußten wir eine Auswahl treffen. Wir wissen, daß es vor allem in den ländlichen Gegenden Thüringens eine Vielzahl von Festen und Bräuchen gibt, die man ebenfalls vorstellen sollte. Der Band könnte ein Anfang sein für weitere Publikationen. Deshalb bittet Sie Ihr Verlagshaus Thüringen um Unterstützung: Welche besonders originellen Feste und Bräuche aus Ihrer unmittelbaren Nachbarschaft, die heute noch gepflegt werden, sollten Ihrer Meinung nach künftig unbedingt berücksichtigt werden?
Autoren und Verlag bedanken sich im voraus für Ihre Zuschriften. Diese richten Sie bitte unter dem Stichwort „Thüringer Feste" an:

Verlagshaus Thüringen
Johannesstraße 161
99084 ERFURT

Autoren und Verlag danken den Museen für die freundliche Unterstützung bei den Fotoaufnahmen.